ESTAÇÃO
  FINAL

FERNANDO DE SOUZA

ESTAÇÃO FINAL

RELATOS SURPREENDENTES SOBRE
O MOMENTO DA DESENCARNAÇÃO

Lachâtre

© 2019 Fernando de Souza

INSTITUTO LACHÂTRE
Rua Dom Bosco, 44, Mooca – CEP 03105-020
São Paulo – SP
Telefone: 11 2277-1747
Site: www.lachatre.org.br
E-mail: editora@lachatre.org.br

PROGRAMAÇÃO VISUAL DA CAPA
FERNANDO CAMPOS

1ª edição – Outubro de 2019
Do 1º ao 2.500º exemplar

A reprodução parcial ou total desta obra, por qualquer meio, somente será permitida com a autorização por escrito da editora.
(Lei n° 9.610 de 19.02.1998)

Impresso no Brasil
Presita en Brazilo

CIP-BRASIL. CATALOGAÇÃO NA FONTE

Souza, Fernando
    Estação final / Fernando de Souza – 1ª ed. São Paulo, SP: Lachâtre, 2019.

200p.
ISBN: 978-85-8291-080-1

1.Espiritismo. 2.Romance espírita. 3.Desencarnação. I. Título.

CDD 133.9   CDU 133.7

Dedico este livro a Silvana.

Por tudo!

SUMÁRIO

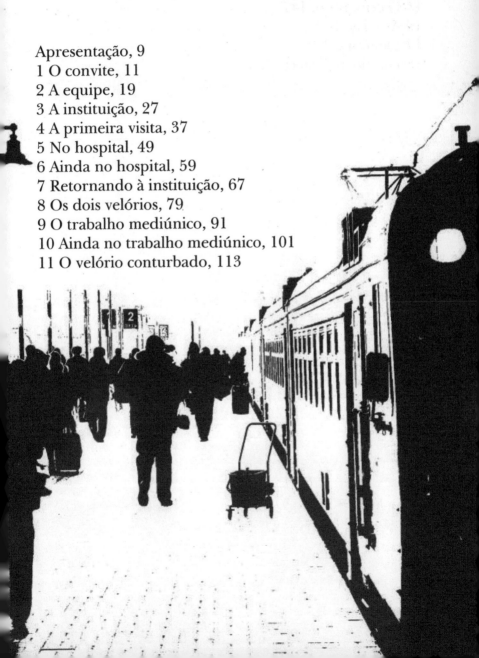

Apresentação, 9
1 O convite, 11
2 A equipe, 19
3 A instituição, 27
4 A primeira visita, 37
5 No hospital, 49
6 Ainda no hospital, 59
7 Retornando à instituição, 67
8 Os dois velórios, 79
9 O trabalho mediúnico, 91
10 Ainda no trabalho mediúnico, 101
11 O velório conturbado, 113

12 Visitando os quartos, 125
13 O salão funerário vazio, 135
14 A necessidade do perdão, 145
15 O criminoso, 147
16 As telas, 169
17 Eleonora, 181
18 Um novo começo, 191

APRESENTAÇÃO

Estação final é o segundo livro publicado por Fernando de Souza, que tem se dedicado à divulgação do espiritismo sobretudo através de suas palestras.

Nesta obra, Fernando se permitiu uma incursão pelo campo do romance espírita, construindo uma narrativa a partir do olhar de Lael, um jornalista desencarnado que se dedica ao esclarecimento de espíritos no mundo espiritual e que envereda pela análise de vários processos desencarnatórios.

Conquanto a escolha do estilo narrativo lembre os relatos obtidos pela

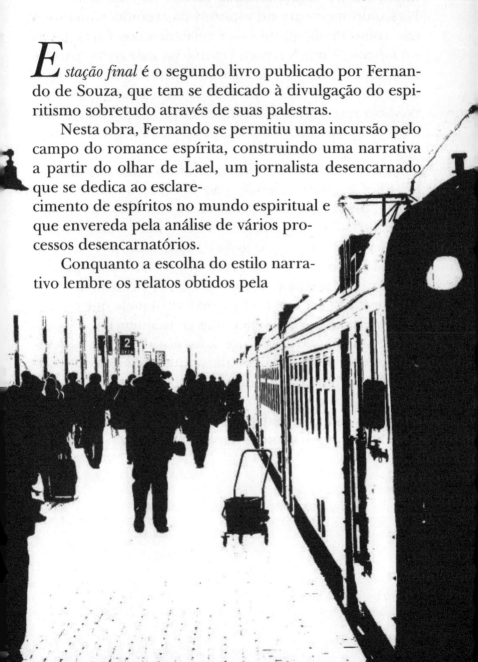

psicografia, esta não é uma obra mediúnica. Trata-se de uma obra de ficção, baseada não só na experiência de Fernando na escuta de espíritos nas reuniões mediúnicas, como também em casos relatados nos livros *O céu e o inferno* (Allan Kardec), *Obreiros da vida eterna* (André Luiz/Chico Xavier), *Voltei* (Jacob/Chico Xavier) e *Além da morte* (Otília Gonçalves/Divaldo Pereira Franco). O autor também recorre aos ensinamentos de *O livro dos espíritos* e *O Evangelho segundo o espiritismo* para reforçar os conhecimentos apresentados.

De leitura leve e com importantes reflexões, *Estação final* nos convida a pensar não só sobre o momento da morte, pelo qual todos passaremos, um dia, mas principalmente sobre o que fazemos em "vida". Afinal, não é o gênero de morte que define nossa condição no Além Túmulo, mas a maneira como nos conduzimos quando encarnados, se valorizamos ou não os princípios éticos que devem reger a existência de todo aquele que conhece a imortalidade da alma e suas consequências.

Assim, convidamos você à leitura desta obra, desejando que ela possa contribuir para ampliar os horizontes, especialmente para que a morte seja vista não como o ponto final da existência, e sim como mais uma estação, uma "parada obrigatória", representando o final dos equívocos e o começo da vida verdadeira.

Os editores

1
O convite

Meu nome é Lael, sou jornalista e trabalho no complexo hospitalar aqui de minha cidade, no Departamento de Comunicação. Meus afazeres são basicamente atualizar informações internas, encaminhando cada qual ao seu devido setor, a fim de que elas facilitem possíveis tomadas de decisão, otimizando os serviços. Além disso, também trabalho como *esclarecedor* nesse mesmo conjunto hospitalar. Nessa atividade, explico aos pacientes internados o que virá dali para frente, após terem compreendido suas reais situações de desencarnados. Ou seja, entro no segundo momento, quando o fato de estarem de volta à Espiritualidade já está resolvido no íntimo de cada um – ainda que estar resolvido não signifique obrigatoriamente estar confortável, ao menos naquele momento.

Faço isso com muita ternura, pois sei bem o que eles passam nesses instantes. Vivi isso na pele quando para cá retornei, depois de um grave acidente automobilístico. Foi há pouco mais de dez anos. Eu tinha trinta e um.

Minha *morte* foi instantânea, assim como a inconsciência. Só muitos dias depois, conforme me contaram, acordei aqui em uma das alas. E de início pensei estar ainda na carne, recolhido em algum centro especializado em traumas, distante da minha região. Essa ideia de distância se dava por conta da ausência de meus familiares, sobretudo de meus pais. Lembro-me de que, ao perguntar sobre eles, as respostas eram evasivas e curtas. Então, ao correr dos dias, fui cada vez sentindo mais minha nova realidade, até vê-la confirmada através de uma conversa franca com um dos enfermeiros que me atendiam. Foi libertador, mas doloroso. Chorei, em uma confusão de sentimentos, enquanto uma questão não me saía da cabeça: como ficaria sem minha *vida*?

Foi aí que conheci aquele que hoje é meu chefe. Ele veio até mim e, com muita afetuosidade, respondeu-me um sem número de questões, além de me informar a respeito do funcionamento da cidade, entre outras coisas. Visitou-me por muitos dias, chegando a me acompanhar nas primeiras caminhadas fora do complexo.

Hoje, faço o mesmo. E o faço agradecido a Jesus pela oportunidade de confortar um irmão nesse momento que aqui chamamos de *conscientização do retorno*, buscando esclarecê-lo do melhor modo, sempre nas faixas do ânimo e da esperança.

Claro que para isso passei pelo preparo específico. Tempos de curso foram necessários para aprender a servir adequadamente. Posteriormente, vieram os estágios, nos quais eu acompanhava um trabalhador já experiente durante as conversações. Até que chegou minha vez.

Entendam os irmãos que ainda estão na matéria que, mesmo havendo milhares de desencarnados aqui nos hospitais, cada despertar para a realidade é muito próprio, cada qual no seu tempo e do seu jeito. Embora até possamos elencar algumas situações mais comuns, ainda assim, cada um terá suas particularidades.

E notem que nosso complexo hospitalar recebe desencarnados de uma faixa vibratória específica, não acolhendo todo e qualquer espírito recém-saído do corpo físico. Ou seja, quando o Cristo afirma haver muitas moradas na "Casa do Pai", ele fala muito sério! Fala de uma variedade de habitações que estamos ainda longe de conhecer em sua totalidade.

E, ainda assim, o pouco que conhecemos já nos deixa boquiabertos!

Tanto que eu, jornalista desde a Terra, não deixo de anotar os casos mais interessantes acerca do *despertar* desses irmãos sob nossa responsabilidade. E já são muitas histórias. Lembro-me de que, ao ter a ideia de anotá-las, busquei a aprovação de meu superior a esse respeito, afirmando-lhe serem meus motivos os mais nobres possíveis: um livro, endereçado aos homens de *carne e osso*, no intuito de lhes mostrar uma interessante faixa, conquanto singela, do reinício da vida pós-túmulo. Expus e recebi dele a autorização para as anotações. Quanto às histórias se tornarem um livro a ser enviado ao planeta,

aí já não lhe cabia afirmar. Muitas coisas entravam em questão. Mas que por ora eu as escrevesse, entregando as deliberações futuras, a esse respeito, a Deus. Assim vinha fazendo. Até que fui chamado por esse meu superior, Jordi, até sua sala. O assunto seria de meu interesse, afirmou-me Telícia.
– Talvez seja algo sobre o livro que estou escrevendo! – comentei, animado.
– Quem sabe? – respondeu-me a secretária.
Corri até seu gabinete e o assunto era realmente um livro. Mas não esse que escrevia até o momento. Outro...
– Lael, entre.
– Com licença, Jordi.
– Sente-se.
– Obrigado.
– Bem, vamos lá. Anteriormente, eu já havia informado nossos superiores a respeito de sua vocação para a escrita, bem como de seu nobre desejo de levar suas anotações aos nossos irmãos da Terra, enviando-lhes seus relatos acerca dos esclarecimentos e diálogos junto aos desencarnados amparados por nosso núcleo, em processo de readaptação à Espiritualidade. Eles afirmaram já esperar isso de você, sabedores há muito desse seu talento literário, o qual vem sendo aperfeiçoado no correr das encarnações, tendo recebido mais uma boa demão em sua última jornada física.
Jordi não se referia apenas ao fato de eu ter exercido o jornalismo na chamada imprensa escrita, mesmo também ao fato de, por um pouco mais de uma década, ter deixado uma singela obra sobre essa minha profissão. Aludia também à minha intensa produção de textos desde a infância, da permanente paixão pelas palavras, pelos livros, pelos dicionários... Prosseguiu ele:

– E assim, não só por conta de sua vocação para os textos, mas também por seus dignos ideais, tanto *lá* quanto *aqui*, nossos amigos superiores me pediram para convidá-lo a fazer parte de uma equipe de especialistas que partirá ao planeta com tarefa bem definida: colaborar no processo desencarnatório de algumas pessoas.

– Não sei se estou entendendo...

– Como você sabe, desde sempre grupos de trabalhadores espirituais revezam-se junto à humanidade, visando auxiliá-la em todas as frentes, inclusive no momento do desencarne. É simples: você acompanharia uma dessas equipes, estando encarregado de anotar o que fosse útil para, posteriormente, transmitir tais informações através de um livro.

– E esse livro iria para a Terra?

– Exatamente.

– Um livro que falaria sobre desencarnações?

– Sim. Os dias que o antecedem, o durante e o depois. Descreveria o ambiente, o comportamento dos familiares, o velório e o retorno do espírito à Espiritualidade, sua verdadeira casa. Relataria as atividades dos especialistas nesses momentos, abstendo-se de entrar em terminologia demasiado técnica. Afinal, o livro deve ser voltado às pessoas comuns.

– Compreendo.

– Veja bem, o desencarne é uma realidade ainda envolta em confusões, sombras e enganos por parte de nossos irmãos da Terra, que sequer gostam de pensar e falar sobre o assunto, julgando-o desconfortável, portador de mau agouro... Daí a razão do convite de nossos superiores.

– Mas, pensando aqui comigo, já não há obras que tratam a esse respeito?

– Há. Mas informações importantes, quando são chegados os tempos propícios à sua disseminação, nunca são demais.
– Entendo... – respondi, um tanto receoso. – E se eu não estiver à altura dessa empreitada?
– Não receberia tal convite se não estivesse.
– Certo.
Alguns instantes de silêncio antes de lançar novas perguntas.
– E o livro que já venho escrevendo? Como ficará?
– Descansando. Aguardando o momento apropriado para seguir.
– Posso imaginar ser, esse sobre desencarnações, mais necessário ao momento? Seria isso?
– Sim.
Mais uns segundos de silêncio...
– Confesso estar surpreso. Nunca imaginei receber um convite como esse. Dava-me por satisfeito com o livro já em curso. Estava confortável, tranquilo com seu processo. Escrevia-o nas horas vagas, solitário...
– Não há trabalho solitário quando o desejo de colaborar com o próximo é o que o sustenta. Jesus está sempre ao lado do trabalhador, a inspirá-lo, ainda que ele se julgue sozinho.

Emocionei-me com a fala de meu amigo – para não dizer de meu *pai espiritual*. Ainda assim, argumentei um pouco mais:

– Estou receoso, mas ao mesmo tempo me sinto honrado pela confiança. E talvez venha exatamente daí o receio: do temor de não agradar. Sou tão pequeno! Não gostaria de decepcionar ninguém!

– Cuidado, Lael! – disse-me em tom paternal. – Às vezes, nosso receio em não agradar não é mais que nosso velho narcisismo se movimentando. A antiga preocupa-

ção de não sermos devidamente reconhecidos conforme imaginávamos merecer ser. Repito: se o convite lhe foi dirigido, é porque há em você as condições necessárias para a tarefa.
– Sim. Entendo.
– Assim, se aceitá-lo, faça-o simplesmente com amor, sem se preocupar com mais nada. Depois, entregue o resultado do trabalho ao Cristo, sem esperar nenhum retorno a não ser o sinal de positivo de sua própria consciência. O Irmão Maior saberá muito bem o que fazer com seu trabalho.
– Está certo! Será uma honra trabalhar para Jesus! – respondi, decidido, tendo os olhos invadidos por lágrimas que não chegaram a cair.
– É assim que se fala, meu filho do coração! – vindo Jordi ao meu encontro para me abraçar.

Mas, mesmo me sentindo agora resoluto, algumas questões ainda insistiam em minha cabeça. Exteriorizei-as, ao final do amplexo:
– Há tanto tempo não vou ao plano físico... Algum conselho?
– Lembre-se de que sua casa é o Universo. Onde estiver, estará em seu Lar, junto a seus irmãos.
– Sim – sorrindo. – E quando partirei?
– Em uma semana.
– Quem me cobrirá nos afazeres daqui?
– Não se preocupe quanto a isso. No setor das informações gerais, Elci assumirá seu posto. Já na nossa equipe de esclarecedores, eu cobrirei suas tarefas.
– Poxa! Muito obrigado!... E será que poderei, no final da excursão, dar uma passada na casa de meus pais para vê-los?
– Sim, você irá até seus pais.

– Que bom! E quanto a essa equipe que acompanharei? Certamente são técnicos nos processos da desencarnação?
– Naturalmente! Essa equipe, em específico, é formada por médicos, todos já traquejados nesse serviço.
– Sabe quanto tempo permaneceremos na Terra?
– Você permanecerá por doze dias.
– Sabe onde ficaremos por lá?
– Terão como ponto de referência, apoio e descanso, uma Instituição de Jesus na capital paulista. Uma sociedade espírita.
– Ok. Bem... Agora, então, dê-me as orientações finais.

Jordi sorriu, não fugindo ao pedido:
– Você verá muitas coisas lá na Terra, então busque sempre a vigilância no tocante aos pensamentos e às emoções. E quando perceber que eles estão lhe fugindo ao controle, traga Jesus à mente, buscando n'Ele sua reorganização íntima. Também não se permita exclusivamente observar e anotar. Colabore diretamente nas situações, não se esquivando aos serviços para os quais perceba o chamado interior. Lembre-se de que o próprio Cristo manejou o serrote e o martelo na carpintaria de José, seu pai.
– Sim! Não me esquivarei!
– Todo serviço é nobre e vem de Deus!

Sorri, contente pelos amorosos conselhos.
– Não poderia ter me dado orientações melhores! Pois bem. Agora já estou até ansioso. Mal posso esperar!

Jordi, bem-humorado, não se furtou a uma última dica para o momento:
– Calma! Controle sua ansiedade! Olha o coração!

Rimos, abraçando-nos outra vez.

II
A equipe

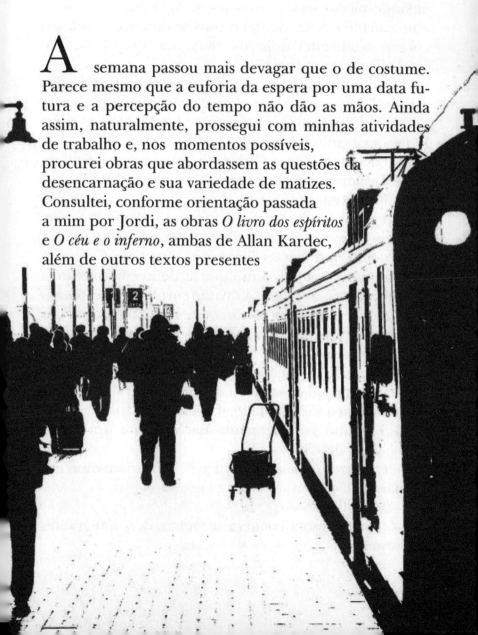

A semana passou mais devagar que o de costume. Parece mesmo que a euforia da espera por uma data futura e a percepção do tempo não dão as mãos. Ainda assim, naturalmente, prossegui com minhas atividades de trabalho e, nos momentos possíveis, procurei obras que abordassem as questões da desencarnação e sua variedade de matizes. Consultei, conforme orientação passada a mim por Jordi, as obras *O livro dos espíritos* e *O céu e o inferno*, ambas de Allan Kardec, além de outros textos presentes em nossos arquivos espirituais. Na noite anterior à minha partida à Terra, mal pude dormir... e antes do sol nascer já estava acordado. Vi-o adentrar meu quarto, exuberante como sempre, espraiando-se por tudo, convidando-me ao serviço com Jesus. Agradeci em oração, emocionado e feliz. Aceitei o convite do astro e, sob sua cobertura, cheguei ao prédio onde nos reuniríamos antes da viagem.

Após me identificar na portaria, fui conduzido a uma sala onde já se encontravam meus novos amigos. Levantaram-se sorridentes ao me verem, dando início às apresentações e cumprimentos:

– Lael, que alegria conhecê-lo! Meu nome é Santon. Sou o responsável pelo grupo. Seja bem-vindo!

– Prazer em conhecê-lo, doutor!

– Por favor, chame-me de amigo! – pediu-me serenamente, enquanto apertávamos as mãos. – Certamente entendemos que nossas funções a serviço do Cristo requeiram uma nomenclatura que as defina, facilitando a organização das tarefas e a divisão correta das responsabilidades, mas aqui entre nós, onde bem sabemos dessas nossas responsabilidades individuais, os crachás profissionais são dispensáveis. Somos apenas amigos-irmãos a serviço do Irmão Maior. Até porque, na realidade, todo título ou cargo só existe para definir nosso raio de deveres para com a humanidade, nada além disso.

– Entendo perfeitamente. Então, é um prazer conhecê-lo, amigo Santon!

– O prazer é meu, amigo Lael! Animado para o início das anotações?

– Muito!

– Ótimo! Agora conheça os outros dois integrantes do grupo.

Santon aparentava ter sessenta e cinco anos. Barba e cabelos grisalhos, olhos azuis, alto e sorridente. Senti-me muito confortável em sua presença.

– Muito prazer, Lael! Sou Zandoná, seu amigo!
– O prazer é meu!

Zandoná não tinha cinquenta anos. Sua voz suave e sua pronúncia um pouco lenta me permitiram concluir ser ele um homem bem calmo.

– Oi Lael! Como vai? Sou Atsune!
– Oi Atsune! Vou muito bem e você?
– Bem! Seja bem-vindo!

Atsune era oriental. Magra, estatura baixa, cabelos muito pretos e longos, com franja. E embora devesse estar na casa dos quarenta anos, parecia uma menininha.

Logo após as apresentações, Santon retomou a palavra, dirigindo-se a mim:

– Bem, como você já foi informado, partiremos ao plano físico para dar assistência a irmãos em vias de desencarnação. Buscaremos levar a eles algum conforto durante os dias que antecedem a ruptura total, como também colaboraremos após a efetivação da morte biológica, fazendo o que nos for possível para o saudável desligamento do perispírito em relação ao corpo físico. Conforme nos foi solicitado, excepcionalmente dessa vez, ampliaremos nossa faixa de tarefas, a fim de levá-lo a observar algumas situações de desencarnes que a princípio não são de nossa esfera de ação, mas que também devem ser retratadas aos irmãos da matéria, através da sua escrita.

– Oh, entendo! – falei com um quê de apreensão. Afinal, as atividades da equipe se alterariam por causa de meus afazeres.

Percebendo minha expressão assustada, Santon tratou de me acalmar:
— Tranquilize-se. Para nosso grupo, tais observações, sempre respeitosas e bem-intencionadas, também interessam. Serão ensejo de aprendizado, para assim ampliarmos nossas condições de humildes enfermeiros do Médico dos médicos.

Fiquei mais sossegado. E tomado por uma sensação... Embora Santon tenha se incluído na categoria de observador-aprendiz, igualando-se a nós outros, algo internamente me dizia que sua condição real ia muito além disso. Ele era bem maior do que desejava parecer. E, diante de tal abnegação, expressa na tentativa de diminuir sua distância em relação a mim, só pude ficar ainda mais contente por poder desfrutar de sua presença nos próximos dias. Que eu soubesse bem aproveitar sua fraternal e sábia companhia.

Ele continuou:
— Seguiremos à Terra, em instantes, em veículo que levará mais duas equipes de serviço além da nossa. Cada qual partirá com seus afazeres bem definidos. Você tem alguma pergunta? Temos ainda um tempinho...
— Sim. Com que regularidade vocês vão à Terra para esse serviço?
— Em média, seis vezes por ano. Não há um número exato, essa é uma média. O tempo da equipe se divide entre nossos trabalhos individuais aqui na cidade, estudos e pesquisas em centro especializado, e essas nossas idas ao plano terrestre.
— Certo. A equipe vai à Terra há muito tempo?
— Temos ido regularmente há dez anos. Éramos quatro, mas há alguns meses um dos integrantes se desligou,

recolhendo-se para as preparações finais de sua reencarnação. Prosseguimos nós.
– Entendi. E há mais equipes como essa nossa?
– Certamente! Muitas outras. Assim como a nossa, revezam-se entre a Espiritualidade e o plano físico, dividindo os serviços entre esses dois planos.
– E em relação à Instituição que nos servirá de base, ela já é conhecida da equipe?
– Sim. Ela nos tem abrigado desde o início. Já é um pouco nossa casa, também. É um local que muito amamos pelo volume de auxílio que nos presta a todos, em ambos os lados da vida. Temos lá grandes amigos.
Ao ouvirmos suave campainha, Atsune se adiantou:
– O nosso sinal. O veículo já nos aguarda.
– Pois então vamos – encerrou Santon.
Durante o percurso, estivemos todos em silêncio na maioria do tempo. O ambiente sereno nos convidava à reflexão. De minha parte, recordava dos conselhos de Jordi, relia algum trecho de obra correlata aos meus compromissos, além de meditar nas inesquecíveis passagens de Jesus, contidas nos Evangelhos.
Antes do meio-dia tocávamos o solo terreno, chegando a uma instituição espiritual de grandes proporções, bem superior em tamanho que seu correspondente prédio físico. Desceu ali nosso grupo, enquanto os outros dois seguiram viagem até diferentes paragens de trabalho. E imediatamente eu me impressionei com a intensa movimentação do lado *de cá* da vida, pois do lado físico não mais que dez encarnados, servidores da casa, preparavam-na para as atividades da tarde. Era surpreendente! Na *matéria*, espaços vazios e pouquíssimas pessoas; no *invisível*, uma multidão solicitando auxílios diversos, sendo amparada por trabalhadores filiados à instituição.

Ante minha expressão de assombro, Santon veio com alguns esclarecimentos:
– Nesse instante, a movimentação ainda não é das maiores. O vai-e-vem chega a ser bem maior que isso.
– Nossa! E como dão conta, os trabalhadores?
– A qualidade é preferível à quantidade. Lembra-se desse conceito?
– Sim.
– Então. Os seareiros são poucos se comparados ao número de assistidos, mas são altamente capacitados para receber e auxiliar a todos que chegam aqui.
– É muito interessante!
– É mais que interessante: é confortador! Jesus nunca deixa de aliviar os cansados e oprimidos!
– Sim, sim!
– Mas agora entremos. Vamos até Nicácio, o diretor geral da Casa. Ele nos aguarda, devemos nos apresentar a ele.

Embora a Instituição fosse de grande tamanho, percebi ser bem protegida e vigiada. Havia seguranças à entrada, os quais nos cumprimentaram sorridentes, chamando Santon pelo nome e franqueando de bom grado a nossa passagem. À medida que adentrávamos o prédio, Santon, assim como os demais do grupo, cumprimentavam nominalmente os servidores com os quais cruzávamos, demonstrando familiaridade com o ambiente. Em certo momento, um senhor de baixa estatura, de cabelos brancos ajeitados para o lado, olhos grandes e vivazes, veio em nossa direção.
– Santon, amigos, sejam bem-vindos!
– Nicácio!

Abraçaram-se prazerosamente, enquanto trocavam palavras amistosas. Ato contínuo, o diretor da casa tam-

bém cumprimentou Zandoná e Atsune, chamando-os pelo nome enquanto também os abraçava. Chegada a minha vez, perguntou-me, como se já nos conhecêssemos:
– E você, Lael, como vai, meu filho?
– Muito bem! Ainda melhor agora!
– Que bom, filho! Queremos que se sinta em casa. E que também saiba que estamos todos aqui à sua disposição.
– Muito obrigado, Nicácio!
– Agora vamos aos seus aposentos.

Caminhávamos em silêncio, à exceção de Nicácio e Santon, que iam aparentemente conversando sobre trabalhos próximos. Então, fui por eles chamado:
– Lael – iniciou Santon –, assim que deixarmos nossos utensílios no quarto, seguirei para uma rápida reunião junto a Nicácio e mais alguns irmãos, quando repassaremos alguns serviços previstos para esta semana. Enquanto isso, pensamos que você poderia fazer uma breve excursão aqui pela casa, conduzido por um dos trabalhadores daqui, o qual lhe explicaria alguma coisa sobre os múltiplos serviços oferecidos por esta instituição. Que me diz?
– Excelente ideia!
– Quem sabe, caso julgue interessante, possa até incluir algumas dessas informações no livro.
– Claro! A sugestão está mais que aceita!
– Muito bem.
– Só precisarei me controlar, pois surpreso como estou com tudo o que vejo aqui até o momento, toda essa movimentação, provavelmente escreveria um livro só sobre esta casa!

Todos riram. O diretor da instituição comentou, gentil:
— Quem sabe, meu jovem, no futuro próximo? Aguardemos deliberações superiores!

Já Santon me lembrou, educadamente, o foco de meu singelo trabalho:
— Sim, quem sabe no futuro? Mas, por agora, permita-se conhecer a Casa, anotando sucintamente sua rotina, a menos que se depare com situações plenamente compatíveis com o tema a ser desenvolvido no livro.
— Certo. Assim farei. Não me distanciarei do objetivo programado.
— Exato. Além do mais, não disporá você de tanto tempo assim para conhecer este ambiente. Nossa reunião será breve e ainda hoje sairemos a campo para algum trabalho.
— Que bom!

Dentro de alguns minutos, fui apresentado a Liana, servidora da casa, jovem e cheia de bom ânimo.
— E então, Lael? Pronto para um passeio aqui pela instituição?
— Sim! Na hora que você quiser!
— Então vamos!
— Pois não!
— Começaremos pelo refeitório, aqui ao lado. Como estamos na hora do almoço, ele está em pleno funcionamento, e bem cheio.

III
A instituição

Enquanto caminhávamos até o refeitório, Liana foi me passando informações sobre a Casa:

– Ela se aproxima de seu primeiro centenário. Fundada por espíritos abnegados, que reencarnaram com a tarefa de erguê-la, começou com dois pequenos cômodos, do lado físico da vida, ampliando-se com o passar do tempo, chegando ao que é hoje. E essa ampliação também foi ocorrendo desse *nosso lado*, só que de modo ainda mais robusto.

– Realmente, ela é enorme aqui do lado espiritual. E olha que o lado físico já é de excelente tamanho!
– Sim.
– E vocês têm notícias dos encarnados que fundaram este lugar? Certamente já voltaram à Espiritualidade...
– Sim, temos. Você até já conheceu aquele que, quando encarnado, tanto liderou o movimento de fundação, quanto foi seu primeiro presidente.
– Quem?
– Nicácio.
– Poxa! Que surpresa!
– Sim! Depois de presidi-la algumas vezes no âmbito da matéria, nas suas décadas iniciais, prosseguiu nesse mesmo compromisso após voltar ao mundo espiritual.
– Fantástico!
– Bacana, não é? Claro que isso não se deu imediatamente. Nosso irmão precisava se readaptar à Espiritualidade, além de passar pela preparação devida para voltar e assumi-la outra vez, agora *deste lado*.
– E aquele que a presidia *daqui* enquanto Nicácio estava no físico, onde estaria agora?
– Reencarnou há alguns anos, em família ligada a esta instituição. Acabou de iniciar na mocidade aqui da Casa.
– Mocidade?
– Sim. Uma reunião de jovens com a finalidade de estudar a Doutrina Espírita e praticar a caridade.
– E me deixe adivinhar: ele será presidente daqui novamente, mas agora na *matéria*?
– Mais que isso. Além de dirigente deste lugar, deverá exercer tarefas de vulto junto ao movimento espírita, especificamente neste Estado brasileiro.
– Entendo.

– Bem, chegamos ao refeitório.
 O lugar destinado às refeições era o mesmo, tanto do lado espiritual quanto do lado físico, embora o espiritual fosse um tanto maior, sobrepondo-se ao material. Do lado concreto, não mais que vinte e cinco homens se alimentavam de sopa encorpada, feita ali mesmo, em cozinha contígua. Já no setor espiritual, o número de pessoas a se alimentar passava de cem. Igualmente recolhiam, dos pratos, saborosa sopa, levada à boca enquanto conversavam animadamente. Também ficou claro que, em ambos os lados da vida, o público do refeitório era formado basicamente por moradores de rua.
– A grande maioria dos desencarnados que aqui estão se alimentando se julga ainda no corpo físico. A *morte* nem lhes passa à cabeça. Continuam vivendo como se estivessem na carne, na vida de sempre, com as mesmas necessidades psíquicas.
– E ainda não compreenderiam a realidade em que se encontram, não é?
– Exato, não dispõem ainda de condições para entendê-la.
– Lá na minha cidade, trabalho em um hospital. E uma de minhas funções é conversar com aqueles que já entenderam suas condições de desencarnados. E esse tempo de compreensão varia muito de pessoa para pessoa. Nos primeiros tempos, quase a totalidade deles se julga em um hospital da matéria.
– Então entende bem a situação aqui deste refeitório.
– Creio que sim. Imagino que, depois que almoçarem, voltarão para as ruas com seus amigos encarnados...
– Exato. E permanecerão assim até o dia em que tenham alcançado a maturidade mínima para receberem as informações sobre a verdade. Até lá, nosso trabalho

aqui é alimentá-los, oferecer-lhes o banho, a troca de roupas e o leito limpo.
— E de vez em quando algum aceita essas ofertas...
— Todos os dias algum acaba aceitando, já cansado da vida lá de fora. Dentre esses, um ou outro acaba ficando em definitivo aqui na casa, capacitando-se mais rapidamente para entender sua situação real.
— Interessante!
— Tudo feito nas faixas do amor, da compreensão, sem qualquer violência.
— Maravilha! Mas disse você que a grande maioria, e não a totalidade, dos espíritos que estão aqui se julga ainda encarnada... Isso quer dizer que há, aqui, aqueles que já sabem de sua condição real?
— Sim. Deixe-me ver... — correndo os olhos entre os assistidos. — Laerte é um deles. Aquele ali na primeira mesa, à direita, com um chapéu grande no colo. Ele já sabe de tudo.
— Mas se nega a caminhar?
— Não que se negue a caminhar... Ele caminha, mas lentamente. Desde que soube da realidade, tem ficado mais por aqui. Toma banho, troca de roupa, dorme... Mas ainda não abandonou de vez a rua. Precisa de mais tempo.
— Entendo. E você poderia me dizer algo sobre a desencarnação dele, visando minhas razões para estar aqui?
— Claro. Laerte foi morador de rua desde o início da vida adulta e, por conta dessa vida de carências de todos os tipos, sua saúde foi se debilitando com o passar dos anos. Com pouco mais de cinco décadas de jornada física, o encontramos já bem doente dos pulmões, tomados pelo bacilo de Koch. Na companhia dos companheiros de sempre, desencarnou em sofrimentos atrozes, em

uma madrugada chuvosa, sob uma marquise. Como bem sabe, geralmente o espírito está inconsciente no instante da morte física – assim se deu com nosso irmão. E embora tivesse adquirido uma semiconsciência ao correr das horas, no pós-desencarne, ainda assim não percebeu o desligamento gradual perispírito-corpo físico, como também não notou em momento algum o próprio velório, tampouco o enterro, imaginando estar ainda sob a marquise, junto aos irmãos de rua. Profundos mecanismos psicológicos, a serviço da vontade firme, *colocaram--no* mentalmente no lugar onde se deitara pela última vez, fazendo-o repelir automaticamente toda proposta mais próxima da realidade vivida. Assim, ainda que estivesse sendo auxiliado por benfeitores invisíveis, nada via a não ser seu corpo estendido na calçada, envolto pelo decrépito cobertor, julgando-se tão enfermo que *poderia até morrer*. E, dessa forma, quando todos os laços perispirituais foram desligados, voltou ele realmente à marquise, onde continuou vivendo.

"Os dias passavam e ele ali, muito doente, perturbado e agora invisível aos parceiros de sempre. Quando, em dado momento, pôs-se em condição de ser melhor auxiliado, foi trazido para cá, julgando dar entrada em um hospital da matéria. No correr dos tempos, foi melhorando... E, ao recobrar as mínimas forças, deu-se alta e voltou à rua em busca da velha turma. Encontrou-a e retomou a antiga rotina, vindo para cá diariamente para se alimentar, ainda adoecido. Aos poucos, nós, que desfrutávamos junto, a ele, de alguma confiança, por conta da primeira internação, passamos a ouvir seus comentários de estranheza em relação à vida depois de ter deixado este *hospital*. Então, fomos convidando-o a refletir

a respeito... Sem pressa, aos poucos, até que ele mesmo concluiu ter *morrido*. Essa é sua história até aqui."
— Muito interessante! E confesso que essa situação do desejo interferindo na percepção da própria desencarnação muito me impressiona!
— Veja aí a força da nossa vontade, mesmo inconsciente. Da fixação mental... *Sois deuses!*
— Sim.

Alguns segundos foram necessários para melhor organizar as ideias e conclusões a respeito do que me fora dito naquele momento. Então, outra vez voltando às observações do ambiente, percebi não haver equipamentos voltados à preparação dos alimentos no lado espiritual, enquanto no lado material via fogões e fornos. Liana me explicou:

— A alimentação espiritual não é feita aqui. Chega pronta de ambiente superior, de um local adequado à sua composição, haja vista a delicadeza do processo.

— Sim, claro, entendo agora... Embora eu não seja especialista no assunto, já visitei algumas vezes a cozinha do hospital onde trabalho, sendo informado, de modo muito simples, acerca da elaboração da alimentação espiritual. Podemos deduzir que a sopa que aqui vemos é basicamente o resultado final da alteração de elementos espirituais que passaram pelas devidas transformações, conduzidas por especialistas, até assumirem as características idênticas daquela desejada, no caso daqui, da boa e velha sopa de carne e legumes conforme a conhecemos na Terra.

— Bem isso. Aroma, sabor, textura... Tudo idêntico a esse prato tão conhecido entre os homens. Daí a delicadeza do trabalho, como lhe disse, e a razão de ser elaborado em ambiente distinto, afastado do plano terrestre.

– Perfeitamente.
– Continuemos agora? Vamos até a ala dos quartos, onde estão os que se encontram internados por esses tempos.

Rapidamente chegamos a longo e iluminado corredor, arejado e limpo, onde se viam portas de ambos os lados, tudo semelhante a um corredor de organizado hospital. Fomos caminhando por ele lentamente, envolvidos por suave melodia, enquanto Liana ia me dizendo:
– Neste primeiro corredor, encontram-se os que estão ainda adoecidos, trazendo em si as impressões da moléstia causadora do desencarne. Sentem alguma coisa das dores que sentiam no corpo denso, nos últimos tempos de *vida*, e já sabem que não se acham encarnados.
– Essa realidade eu conheço. Só não imaginava que ela fosse tão volumosa conforme vejo aqui.
– Pois é bem volumosa! Casas como esta, recolhendo esses irmãos doentes, agem como postos intermediários, atendendo esses sofredores em suas necessidades e colaborando em sua readaptação à Vida Maior, ainda que não percebam isso conscientemente.
  Ao passar em frente às portas, víamos os doentes em tratamento, cada qual em seu respectivo leito. Uns emitiam algum som de desconforto, outros dormiam, mas todos sob amparo de amorosos enfermeiros.
– Posso deduzir de sua fala que, em relação aos demais corredores, cada qual se destina a um estágio de tratamento. Seria isso?
– Sim, é isso. A ala à esquerda detém espíritos que, embora ainda estejam adoecidos, já sabem de sua condição de desencarnados, o que faz com que seu tratamento se diferencie em relação aos que se encontram aqui neste corredor. Já o corredor paralelo à direita comporta os

que já sabem de sua condição real de desencarnados, estando eles em última etapa de tratamento, já saudáveis se os compararmos novamente aos que estão aqui neste corredor.

– E assim que se recuperam, vão para onde?

– A maioria segue para suas cidades espirituais, de onde já vieram antes dessa última encarnação. Outros, a minoria, acabam ficando mais um tempo aqui, já na condição de trabalhadores da casa.

– Olha só!

– Sim. Mas como já deve imaginar, embora esses corredores representem uma situação real, permitindo uma classificação daqueles que estão sob sua assistência, as situações íntimas de cada um variam bastante, exigindo, assim, procedimentos particulares a cada caso.

– Sim. Assim também é em nosso hospital.

– Pois bem. Vamos agora à ala dos que já se reconhecem desencarnados. Neste momento, temos lá um irmão em sua segunda passagem por nossa área hospitalar.

O caso parecia interessante. Em instantes, eu era apresentado a esse espírito:

– Senhor Teodoro, esse é nosso amigo Lael. Estamos passando para saber como o senhor está.

Com setenta anos presumíveis, o pobre homem trazia o semblante abatido e o olhar distante. Ainda assim, respondeu-nos tentando sorrir:

– Vou indo, minha jovem... Vou indo...

– Sente-se melhorzinho?

– Estou, sim, um pouco melhor. As fortes dores no peito e a sensação de compressão ainda seguem, além da falta de ar, embora reconheça que tenham diminuído um pouco. Assim vou seguindo... Tentando ver alguma esperança à frente... Mas ainda muito angustiado.

– As crises estão diminuindo e diminuirão mais ainda com o passar dos dias, conforme o senhor bem sabe. Seguindo nesse propósito, as crises se enfraquecerão gradativamente, aumentando seu bem-estar.
– Tomara. É isso que eu quero.
– Pois assim já está sendo.

Ele aguardou uns instantes em silêncio, como se buscasse as melhores palavras para o que queria dizer. Quando julgou tê-las encontrado, apresentou-as:
– Os convites sombrios para voltar à velha casa ainda são fortes. Nunca imaginei que ela me prenderia tanto – o que só fui perceber depois de *morto*. As pequenas coisas do meu lar, os singelos costumes, os lances da rotina simples, até mesmo os móveis... Todas essas coisas parecem ter ganhado vida, tornando-se mesquinhas, exigindo-me a presença depois que cheguei aqui da primeira vez! Muito difícil resistir! Aí a razão de ter perdido a primeira batalha!
– Sim, entendemos. Mas o importante é examinarmos o agora. Retornou à nossa instituição decidido a vencer esses chamados e tem tido êxito nessa empreitada! Por conta dessa firmeza em seguir por aqui, recolhendo o tratamento devido, os resultados positivos já são notados, o que nos deixa muito felizes! Tudo está correndo conforme o esperado! Prossiga firme e confiante!
– Sim. Seguirei firme.
– Quando entendemos definitivamente que Jesus Cristo é o farol infalível nas noites de mar revolto, convidando-nos a firmar os braços no leme da embarcação e seguir seus apontamentos, acabamos alcançando a *terra firme* da serenidade antes do que imaginamos!

Liana falava sorridente, com firmeza e bondade. Falava enquanto pegava nas mãos do idoso e sua voz era carregada de vibrações positivas, colaborando para o bom ânimo do acamado. Ele sorriu, emocionado, beirando as lágrimas, não conseguindo pronunciar mais do que um "muito obrigado, minha jovem"!

Ao final, após se entreolharem em silêncio por uns instantes, a moça beijou-lhe ternamente a face, informando que voltaria para vê-lo no dia seguinte.

Não posso dizer que a cena não me comoveu.

IV
A primeira visita

N o meu trabalho, quando estou na função de *esclarecedor*, ouvir um pouco das histórias dos assistidos faz parte do processo. Contudo, devo estar atento para que suas lembranças não os façam descambar para o desajuste emocional grave, colocando em risco o momento. Assim, ao menor sinal indicativo dessa queda, essas recordações devem ser rapidamente interrompidas, ainda que com leveza – isso ocorre com certa regularidade. Mas até chegar a esse ponto, muitas das histórias por mim

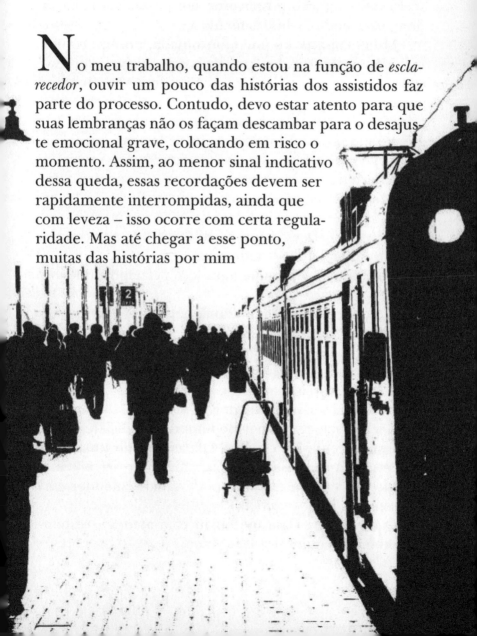

ouvidas são interessantíssimas, entrecortadas por reflexões convidativas, opiniões justas e interpretações singulares acerca da vida, algumas até exóticas – contudo, ainda assim, dignas de serem anotadas para minhas observações e estudos posteriores, mesmo que acabem, ao final, não sendo incluídas no livro.

Muita coisa já foi por mim ouvida, porém, conforme fala o velho ditado, "por mais que se viva, não se vê tudo". Fui surpreendido pela análise do senhor Teodoro acerca da própria situação, ao se referir dolorosamente aos *apelos irresistíveis* a ele enviados por sua antiga casa, e até mesmo por seus móveis, como se fossem, estes, criaturas vivas, indivíduos sovinas a exigirem o seu retorno.

Nunca tinha ouvido nada parecido. E pensava a respeito, silenciosamente, caminhando ao lado de Liana, quando fomos surpreendidos por Nicácio e Santon.

– E então? Deu tempo de conhecer alguma coisa? – perguntou-me Nicácio, animado.

– Sem dúvida! E muito agradeço pela oportunidade!

– Que bom!

– Agradeço também a Liana, pela excelente disposição de me guiar nessa visita!

– Pois bem! E tem alguma pergunta a fazer?

– As explicações de minha nova amiga foram plenamente satisfatórias. Contudo, nessa nossa última visita, onde conheci o senhor Teodoro – visita a qual acabamos de concluir, não tendo havido tempo para esclarecimentos –, surpreendi-me com sua fala ao atribuir uma espécie de vida à sua casa e móveis, afirmando ser por eles atraído gravemente... Como poderíamos entender essa sua sensação?

O diretor da Casa me ouviu com atenção, respondendo-me a seguir:

– O apóstolo Mateus, na anotação encontrada no capítulo seis, versículo vinte e um de seu Evangelho, mostra-nos Jesus afirmando que onde estiver o nosso tesouro, aí também estará o nosso coração. Aí está a base para compreendermos o que viveu o senhor em questão. Sua casa e sua rotina eram seus maiores – para não dizer únicos – tesouros. Homem trabalhador e correto, por forças acima de seu entendimento terreno acabou não se casando nem tendo filhos. Servidor público, aposentou-se muito cedo, pois desde muito novo já possuía registro em carteira, encerrando suas atividades trabalhistas aos quarenta e cinco anos de idade, passando a viver quase que exclusivamente entre o quintal e a casa. Bem cercado por muros, desfrutava de seu paraíso particular sozinho, gozando de muita saúde, entre programas de TV, boa música e clássicos da literatura universal. Embora fosse socialmente gentil quando necessário, desviava-se de qualquer contato mais estreito com vizinhos e demais familiares, preferindo objetos a pessoas. Levava excelente vida, graças aos recursos financeiros advindos da ótima aposentadoria, e nada o preocupava. E o tempo passou, até ser abruptamente expulso do corpo de carne por força de vigoroso ataque cardíaco, retornando ao Invisível desprovido de recursos espirituais, já que vivera exclusivamente para a matéria, a benefício próprio, na intimidade da confortável residência. Lançando seus melhores sentimentos à casa e seus utensílios por tantos e tantos anos, acabou por interpretá-los inconscientemente como seres reais, em prejuízo de si mesmo, e, por força disso, ao desencarnar, passou a sentir impressionante atração pela antiga casa, julgando ouvir seus chamados aflitos no salão mental.

"Ainda que trazido a esta instituição por seareiros amigos, não resistiu, voltando ao território particular, mesmo já sabedor de sua situação de desencarnado. Tentou manter a velha rotina, mas não deu conta. Ainda mais adoecido, caído ao chão da sala abandonada e cheia de poeira, nosso Teodoro só teve forças para pedir o auxílio dos trabalhadores daqui, o que não lhe faltou."
– Entendi perfeitamente – respondi.
– Enquanto esteve na carne, nosso amigo foi chamado ao trabalho por Jesus várias vezes, mas se negou. Foi *chamado*, mas não se fez *escolhido*. Sobretudo ao se aposentar, foi considerado trabalhador em potencial, pois nada lhe pesava, tendo perfeita saúde, boa idade, condição financeira tranquila e nenhum dependente direto que lhe exigisse constante acompanhamento. Ainda assim, preferiu a contemplação solitária e inútil da vida.
– Compreendo. E o que o capacitou a ser atendido por esta Casa até com certa rapidez, conforme percebi?
– Lembra-se de que, agora há pouco, disse ter sido ele homem trabalhador e honesto?
– Ah, sim, entendi agora. É por isso.
– Então... Essas suas qualidades o capacitaram, por duas vezes, a ser recolhido à nossa Instituição, ainda que intimamente padeça com certa gravidade, como você pode perceber, porque não basta ao homem não praticar o mal, é imprescindível fazer o bem no limite das forças, conforme nos recomendam os Irmãos Maiores!
– Ou seja, essas qualidades possibilitaram a ele a assistência espiritual, mas não foram suficientes para lhe darem conforto íntimo?
– Exatamente. O conforto interior vem da consciência, o amparo externo vem do Pai. No cap. XV, item 10, de *O Evangelho segundo o espiritismo*, o apóstolo Paulo

afirma, a certa altura: "não basta uma virtude passiva, é preciso uma virtude ativa". Nosso Teodoro vivenciou algumas virtudes junto à sociedade, mas relegou à passividade outras que lhe seriam fundamentais para voltar confortável à Pátria Verdadeira.

– Certo. Então, para deixarmos bem claro aos futuros leitores, esse nosso irmão não amou o seu próximo suficientemente?

– Não teve interesse nisso. Não se dedicou a causa alguma nos campos do bem, buscando levar algum auxílio, fosse qual fosse, aos irmãos em situação aflitiva. E levando em consideração todas as facilidades de que dispunha para esse exercício, entenderemos facilmente a razão de seus dolorosos conflitos atuais, embora já tenha melhorado um tanto.

– Entendo.

– Jesus, no livro de Lucas, capítulo dez, versículo sete, afirma ser, todo trabalhador digno, do seu salário. Veja, não havendo, o senhor Teodoro, *trabalhado* para Jesus junto aos sofredores, a seu próprio benefício, chegou à Espiritualidade com os *bolsos vazios* de conforto interior, sem um único *tostão* de paz, mais parecendo um *mendigo espiritual*.

– Sim. Mas ainda aí podemos ver a misericórdia divina: Teodoro não teve direito a *salário*, já que não trabalhou, mas não lhe foi negado socorro!

– Isso nunca!

– Quanta lógica nisso tudo! – exclamei, admirado.

Nicácio e Santon concordaram. Atrevendo-me um pouco mais, arrisquei um pedido:

– Seria possível alguma informação mais específica quanto ao desencarne desse senhor? Suas impressões e entrada no mundo espiritual?

— Sim, claro — dispôs-se o diretor. — A dor aguda ocasionada pelo infarto fez com que perdesse a consciência, não percebendo mais nada enquanto era expulso do corpo de carne. Porém, enquanto esse processo corria, passou a se debater em pesadelos diversos, movimentados pela própria mente desalinhada, não notando sequer o próprio desligamento, embora lhe sentisse algum golpe. Quando os tormentos mentais cessaram, muitos dias depois, ele já acordou aqui entre nós, internado. Familiares *deste lado* intercederam por ele junto a esta Casa e, como dispunha de algum mérito, assim que ocorreram todos os desligamentos, foi para cá trazido. Recobrou a consciência entre fortes dores no peito e imensa angústia, considerada por ele, a princípio, inexplicável. Mais à frente, após perceber a verdade, acabou se desesperando ainda mais, retornando em disparada à antiga residência. O resto você já sabe.

— Sim. Uma última pergunta: essa angústia que ele afirma sentir pode ser entendida como sinal de remorso?

— Certamente. As chances de crescimento espiritual desperdiçadas na carne se convertem, agora para ele, em pungente arrependimento, amargurando seu espírito. Lembre-se: não nos pesará apenas o mal praticado, mas igualmente o bem que poderíamos ter feito e não fizemos!

— Correto. Bom, de minha parte as questões estão encerradas. Muito obrigado!

Então foi a vez de Santon me informar:

— Pois agora se prepare, vamos deixar a Casa por algumas horas. Vamos visitar duas respeitáveis senhoras em vias de desencarnar.

Em pouco tempo, estávamos reunidos, ganhando a rua, indo ao encontro dos primeiros serviços da temporada. Mas não iríamos todos para a mesma direção. Santon e eu seguiríamos a uma residência; Zandoná e Atsune rumariam a um determinado quarto de hospital, onde nos aguardariam já em serviço. Santon afirmara que o caso que nos esperava na residência se fazia mais simples, dispensando a equipe toda. Ainda assim, via-me bem ansioso, com inúmeras perguntas flutuando em minha mente, mas optei pelo silêncio.

Seguimos. E, embora adentrássemos em bairro residencial tomado por grandes prédios, paramos em frente a uma casa de aspecto agradável, que deve ter resistido bravamente ao assédio imobiliário para estar ali, ainda.

– É aqui. Entremos – disse Santon, enquanto um espírito masculino vinha nos receber ainda no quintal, dando-me a impressão de estar ali na função de segurança.

No interior da residência, a sensação agradável prosseguiu. Móveis antigos e bem conservados, silêncio, limpeza... Ao atravessarmos a porta do quarto, fomos recebidos por delicada entidade, a qual passou a nos informar a situação da senhora Celina:

– Creio não permanecer mais no corpo além de setenta e duas horas, a nossa querida amiga. Depois de pouco mais de oitenta anos de labuta física, é chegada a reta final. Há alguns dias, ela já vem até percebendo os visitantes espirituais que vêm confortá-la.

Santon, dirigindo à senhora acamada um olhar afetuoso, aproximou-se a fim de passá-la em consulta. Ao fazê-lo, conforme já havíamos sido informados, a idosa percebeu o médico espiritual e, confusa, pronunciou, com certa dificuldade:

– O médico de Jesus... Glória!

Além do espírito que nos recebera no quarto, que mais tarde vim saber se tratar de sua mentora, estavam também dois familiares desencarnados, em oração: seu pai e uma antiga amiga. Já do lado físico, três pessoas – a cuidadora, uma das filhas e um neto.

A filha, ao ouvir a pronúncia da mãe, aproximou-se carinhosamente, debruçando-se no leito e pedindo confirmação do que fora dito a instantes. A senhora Celina não só repetiu, ainda que fracamente, como aumentou a informação:
– O médico... Chegou agora...
– Ah, o médico!
A idosa continuou:
– Já papai chegou há horas, junto com Elvira.
A filha arregalou os olhos, sem nada dizer.

Ao final de alguns minutos, concluiu Santon estar tudo seguindo conforme o esperado, falando, então, diretamente a mim:
– Como pode perceber, nossa irmã está na reta final da jornada reencarnatória. O esgotamento natural dos órgãos vem promovendo o afrouxamento dos laços perispirituais, sem repercussões desconfortáveis excessivas. Por conta disso, conforme eu já esperava, nosso afazer aqui não passou de uma movimentação fluídica visando a manutenção de seu conforto.

E, olhando novamente a acamada, cheio de respeito, continuou:
– Ela se faz digna de todo amparo, pois muito amparou seu semelhante vida afora. Exemplar esposa, mãe, avó e bisavó, não se deteve exclusivamente no amor consanguíneo, indo bem além dessas fronteiras. Mulher de fé, buscou, nas palavras de Jesus, a orientação para o crescimento espiritual, entendendo, ainda jovem, que

isso só se daria à medida que saísse de si mesma a benefício de outrem. Assim, há muitas décadas, sob a supervisão de seu templo religioso, iniciou serviços caritativos junto à comunidade necessitada aqui próxima, levando a seus moradores todo tipo de auxílio. Por conta de seu comprometimento, ao passar dos anos foi assumindo maiores responsabilidades junto ao projeto, ampliando-o em vários sentidos, presidindo-o por várias vezes, mesmo sob muitas dificuldades. Aliás, as dificuldades nunca a abandonaram. Soube suportar, muitas vezes à base de dolorosas lágrimas, derramadas às escondidas, as cobranças diversas, esforçando-se sempre para equilibrar as coisas em à volta. Não à toa desfruta agora tanta paz exterior, pois, conforme observa, o ambiente em sua volta é muito saudável, como também goza de relativa serenidade íntima.

– Sim, percebo.

– Assim, por agora, nossa presença não se faz necessária. Voltaremos provavelmente daqui a três dias, quando a desencarnação se efetivará. Retornaremos não por sermos indispensáveis, mas sim por respeito aos seus anos de serviço com Jesus e, também, para que você possa observar um desencarne considerado tranquilo.

Antes de sairmos, ainda ouvimos a cuidadora se dirigir à filha da senhora acamada, comentando em baixo volume:

– Agora, os médicos. Ela não tinha falado de médicos ainda.

– É verdade – confirmou a filha da idosa.

– E quem é Elvira?

– Uma grande amiga, falecida há muitos anos.

Mais alguns segundos e a cuidadora, não resistindo, questionou:

– Será que isso é possível? Vocês acreditam nisso?

A filha pensou um pouco e respondeu:

– Não posso dizer que acredito plenamente. Contudo, algo também me diz para não duvidar.

A cuidadora fez uma expressão de surpresa.

Então, foi minha vez de perguntar a Santon, enquanto deixávamos a casa:

– Aquele espírito masculino aqui no quintal é um segurança?

– Sim. Ele foi designado para organizar o fluxo dos visitantes invisíveis. Nos primeiros momentos de acamada, impressionante número de desencarnados desejou visitar a senhora Celina, o que não era interessante nem naquele momento, nem agora, já que ela adquiriu o direito de desfrutar de ambiente calmo e silencioso nessa sua etapa final na Terra. Além disso, ele está aqui também para bloquear a entrada de algum desencarnado ocioso, movido por interesses menos nobres. Ou seja, passam apenas aqueles que trazem condições reais e bem definidas de colaboração.

– É justo. E quanto às suas percepções sobre o Invisível? Constatei que ela realmente vê algumas situações espirituais à sua volta... Isso é comum?

– É mais comum aos que estão vivenciando processo desencarnatório de longo prazo. Aqueles cuja doença vai minando o corpo físico gradativamente, extinguindo-lhe as resistências. Ao avançar da moléstia, o perispírito, descolando-se cada vez mais do vaso de carne, vai permitindo ao ser indestrutível assistir alguma movimentação espiritual à sua volta.

– Partindo dessa informação, e imaginando que nem todos os moribundos dispõem de mérito para desfrutarem de esquemas de segurança como o de nossa pa-

ciente, podemos concluir que a criatura a caminho do desencarne, sob o império de longa moléstia, pode tanto ver, ao seu redor, espíritos voltados para o bem quanto aqueles voltados para a perturbação, de aparência desagradável, alguns até aterrorizantes?
– Sim, pode. E o quadro é bem vasto. Alguns, por exemplo, vão se despedindo do físico oprimidos por antigos desafetos invisíveis, que se apresentam nesses momentos sob a capa de terríveis obsessores, aumentando muito mais o sofrimento do doente.
– Minha nossa! E o que poderia ser feito para serem evitadas ocorrências sinistras como essas?
Santon pensou um pouco, considerando a gravidade do assunto, e respondeu:
– Poderia, o homem, semear mais a paz. Tal semeadura retornaria a ele na mesma medida, já na condição de fruto, amenizando-lhe todo e qualquer padecimento que tenha de passar, fornecendo-lhe ambiente pacífico tanto externa quanto internamente, inclusive nos tempos de despedida da vida física e entrada no mundo espiritual.
Concordei em silêncio. Ali, o assunto se encerrava. As luzes artificiais saindo das janelas dos prédios, mais a claridade dos faróis automotivos em frenético ir e vir, avisavam-nos sobre a chegada da noite.
– Agora, rumemos ao hospital. Zandoná e Atsune nos aguardam – lembrou-me o médico-chefe.

V
No hospital

Assim que chegamos ao elegante hospital, Santon me passou algumas instruções importantes para o momento:
 – O quarto que nos interessa é o 533 e boa distância será percorrida já no interior do prédio até o alcançarmos. Assim, não devemos nos deter às cenas e ocorrências à nossa volta. Veja, sua experiência junto a hospitais na Espiritualidade é louvável, mas é bom saber que as Casas de Saúde aqui da Terra nos apresentam alguns quadros estranhos se comparados aos das esferas espirituais.

– A que quadros você se refere?
– Refiro-me aos diversos tipos de ligação *encarnado--desencarnado* que presenciaremos a partir de agora. Relações simbióticas esquisitas, onde o *acompanhante invisível* permanece atrelado ao *parceiro de carne* em dependência mútua e pungente. Em outras cenas, você verá espíritos vivendo ao modo de parasitas, extraindo a vitalidade dos homens, sugando-lhes o ânimo, aumentando-lhes os tormentos íntimos. Não vacile nesses momentos – isso tudo ocorre com a permissão do próprio enfermo acamado que, invigilante vida afora, de mente adoecida, sintonizou com seus atuais *hóspedes*, abrindo-lhes a *porta*.

Após breve intervalo, para que eu melhor assimilasse as informações, continuou:

– Diante dessas situações, poderia você se questionar se nada deveríamos fazer a respeito, se não nos seria possível alguma intervenção, se não deveríamos afastar os desencarnados que por ora pesam sobre os doentes... Saiba que não. Há equipes do bem instaladas aqui, no hospital, a atender a todos esses, ministrando a cada caso a devida assistência; todavia, resguardando-se de forçar qualquer desligamento permitido pelo encarnado. Até porque isso seria infrutífero, pois devido à falta de firmeza mental da parte do enfermo, essas relações com os espíritos, caso fossem quebradas pelos benfeitores, reestabelecer-se-iam em curto tempo, por conta da sintonia ainda existente entre ambos. Então, tudo no seu devido momento. De nossa parte, foquemos em nosso único objetivo para agora: chegar ao quarto 533.

Algo surpreso, comentei, brevemente:

– Embora trabalhe em um hospital da Espiritualidade, nunca estive em um aqui do plano físico, tampouco imaginava toda essa *parceria insalubre* entre enfermos e espíritos.

– Daí a razão desses esclarecimentos prévios. Mas não se preocupe, você também verá muitas cenas saudáveis. Acamados se recuperando sem nenhuma interferência sombria, confiantes no bem, na vida, em Deus. Perceberá o bom ambiente e a serenidade em alguns homens e mulheres, mesmo estando eles a caminho da desencarnação, a qual nada mais é senão o retorno ao lar. Verá um sem-número de enfermeiros e médicos invisíveis amparando esses doentes de várias maneiras, além de intuir seus colegas de serviço que estão no físico. Notará enfermos recebendo o carinho reconfortante de familiares espirituais, gerando ali uma atmosfera saturada de amor e esperança.

– Certo. Pois bem, então vamos. Focados.

Santon sorriu e em minutos adentrávamos o referido quarto. Amplo, silencioso e muito confortável, de pronto vi uma senhora imóvel, esticada no leito, coberta por lençol azul claro e cercada por vários familiares em aflição. Antes que atentasse mais para a cena, Atsune surgiu à nossa frente, acompanhada por outro médico espiritual, por mim desconhecido até então, certamente trabalhador do lugar. Ele me cumprimentou gentil, mas rapidamente, dirigindo-se, imediatamente, ao nosso chefe:

– Dr. Santon, a situação se tornou ainda mais delicada do que aquela informada anteriormente. O número de familiares aumentou nas últimas horas, todos em desalinho mental, exigindo a permanência da matriarca.

– Entendo. É uma pena.

– Dentre eles, os que se dizem religiosos se esforçam na oração pedindo a Deus o milagre, afirmando ter Jesus Cristo restaurado plenamente a saúde de muitos que caminhavam a passos largos em direção à morte.

Sem qualquer amargura ou crítica na voz, ao contrário, com a bondade de sempre, Santon refletiu a respeito:

– Crianças espirituais. Vendo no desencarne apenas a *morte*, não alcançam sua bela realidade: a volta do ser para a casa depois de longo dia de trabalho. Essas pessoas, movimentando ainda um amor exigente, alimentado pelo egoísmo, oram implorando o prosseguimento da jornada física de nossa irmã Veridiana, quando deveriam pedir a Jesus, através da prece, que a confortasse, que a envolvesse em dúlcidas vibrações, em ambiente saudável. Deveriam, enfim, orar expressando confiança nas resoluções do Alto, certos de que seriam – e são! –, tais resoluções, sempre as melhores.

Olhei a sofrida senhora, magra e descolorida, de olhos fechados e semblante pesaroso... "Pobrezinha!"

– Venha observá-la, por favor – pediu o médico a Santon.

Sabendo de minha incompreensão referente a procedimentos técnicos, bem como do caso ao todo, Atsune veio em meu auxílio, enquanto nosso chefe passava a senhora Veridiana em consulta.

– Imagino, Lael, que você, por força de suas funções lá no complexo hospitalar, saiba bem da poderosa influência que podem vir a exercer os encarnados sobre os desencarnados em readaptação espiritual?

– Ah, sim. Já soube de casos nesse sentido.

– Pois o que temos aqui é o início disso tudo. Esses familiares, inconformados, envolvem o enfermo em pensamentos de desespero diante de sua possível partida. Já depois, confirmada a situação do óbito, passam a envolver o ente que partiu em pensamentos de amargura, frutos de uma saudade doentia.

– Entendo. Eu estava a par dessa primeira realidade, a do pós-desencarnação, mas em relação à pré-desencarnação que aqui presenciamos, embora imaginasse sabedor de alguma dificuldade criada pelos familiares, não desconfiava de que pudesse ser tão forte e dolorosa.
– Pois pode.
– E como entender essa influência? A senhora Veridiana não consegue desencarnar ou se nega a isso? E como isso pode ocorrer, se ela nem está consciente?
– Comecemos por lembrar que mesmo não estando, a criatura, de posse total da consciência, ela prossegue receptiva. Desse modo, a senhora Veridiana recolhe toda essa lamentação, todos esses pedidos desvairados para sua permanência, fazendo-se aflita por vislumbrar, ainda que de modo confuso, toda dor que sua falta irá causar aos seus. Aí acaba se negando, inconscientemente, a desencarnar.
– Compreendo.
– Mas não é só isso. Veja: ainda que a senhora Veridiana desejasse essa partida de modo consciente, o que também poderia estar ocorrendo, pois já não estaria mais aguentando permanecer no corpo físico, encontraria dificuldades para realizá-la, pois estaria coberta por vigorosos pensamentos opostos a essa sua vontade.
– Que situação!
– Esse caso pode ser considerado grave. A equipe médico-espiritual aqui da Casa de Saúde tentou todas as manobras rotineiras para essas situações e não obteve sucesso. Então, pediu apoio. Como estávamos chegando à capital, fomos nós os indicados. Santon é um profundo especialista em desencarnações difíceis, não só pela prática, mas também por seus estudos e incansáveis pesquisas a respeito. Confiemos!

— Sim. Passados alguns segundos, percebendo Atsune ainda ao meu lado, perguntei-lhe sem rodeios:

— Bem, ainda que eu não deseje entrar na terminologia técnica, o que você me diria acerca do que está sendo feito agora, junto à senhora Veridiana?

— Ela está passando por investigação minuciosa, na qual, primeiramente, Santon vai analisando a situação exata das ligações *perispírito-corpo físico*. Depois, ele irá considerar o que já foi feito pelos médicos daqui. Por último, perceber o nível da influência externa a dificultar o desencarne. Então, mensurados esses três fatores, os próximos passos serão definidos.

— Entendi. Agora estou lembrando de que, quando ocorrem essas influências junto aos que estão internados no nosso hospital espiritual, há trabalhadores que vêm conversar com os entes encarnados durante a madrugada, falando-lhes à alma enquanto o corpo dorme, pedindo-lhes para deixarem de lamentar a ausência do ente, pois este se ressente dessas lamentações, retardando seu reestabelecimento. Nada foi tentado nesse sentido? Uma conversa com os filhos da senhora Veridiana, por exemplo?

- Sim. Familiares do *lado de cá* têm insistido nisso, mas sem grande sucesso. Veja, dois deles até estão ali ao canto.

Surpreendi-me. Concentrado na movimentação em torno do leito, sequer havia percebido aqueles dois espíritos. Busquei cumprimentá-los, desculpando-me em seguida pela desatenção. Receberam-me afavelmente, aceitando de pronto minhas desculpas, compreendendo-me. Dali a instantes, voltei a conversar com Atsune:

— Você poderia me dizer o que você e Zandoná fizeram assim que aqui chegaram?

– Primeiramente, inteiramo-nos do caso, depois movimentamos recursos de dispersão, visando diminuir as emanações mentais dolentes que a envolviam, criadas e sustentadas pelos filhos em sua volta, o que levou algum tempo. Então, vocês chegaram. Daria sequência à conversação caso não fôssemos interrompidos por Santon:
– Atsune, já temos o plano e ele já está sendo executado. Eu e Zandoná agravamos um pouco a situação de saúde de nossa irmã. Agora, Zandoná irá atrás do médico encarnado, responsável pelo caso, a fim de intuí-lo a aqui comparecer. A ideia é que, ao perceber sua piora, ele peça sua transferência para a UTI. Então, já transferida, sem a presença próxima dos filhos, poderemos melhor auxiliá-la.
– Então a *melhora momentânea* não se aplica ao caso?
– Não. Aqui, ela já é inviável.
Sem entender esses termos, perguntei às pressas, quase por impulso:
– Ou seja, o ideal agora é afastá-la da influência desajustada dos familiares?
– Sim, exatamente. Enquanto isso, você, Atsune, esteja conosco colaborando junto à enferma.
– Pois sim – respondeu a médica, caminhando em direção ao leito.
Fiquei a alguns metros observando os médicos trabalharem, silenciosos e sincronizados. Dali a pouco, adentrou o quarto o doutor responsável pela senhora Veridiana. Zandoná, invisível a seus olhos de encarnado, vinha à sua direita.
– Então, doutor? – perguntou nervosamente um dos filhos da acamada, indo em sua direção. – Algum tratamento novo?

– Um momento. Vou vê-la primeiro – respondeu o médico em baixo volume, deixando entrever, no semblante, seu enfado diante da pressão momentânea do homem.

Por alguns minutos esteve a auscultá-la, depois recolheu os dados momentâneos apresentados pelos monitores a ela ligados. O silêncio era grande, pontuado apenas pelo *bip* regular de um dos aparatos digitais. Mas, embora fosse real o silêncio externo, internamente os cinco filhos eram um tumulto. Então, pude constatar como a mente perturbada *agita* o ambiente, incomodando-o. Ao final da consulta, o esculápio se manifestou:

– Ouve uma pequena piora.

– Piora?! – questionou uma das filhas, com os olhos vermelhos por conta das lágrimas derramadas nos últimos dias.

– Sim. Houve uma alteração negativa. Creio ser interessante transferi-la para a UTI, agora.

– Não! – outra filha.

– O senhor me disse que pesquisaria alguma possível nova medicação! – exclamou novamente o filho mais velho.

– Sim, pesquisei. E também conversei com outros colegas especialistas. Mas não há nada, nenhuma novidade. Já estamos fazendo tudo que nos é possível. E agora ela deve ser transferida para a UTI, para seu próprio conforto.

– Ah, meu Deus! – disse, agora, aquela que aparentemente era a filha mais nova. – E o papai? Se souber que a mamãe foi para a UTI, pode morrer junto!

– Ninguém vai contar nada para ele!

– Doutor, nosso pai está acamado, como o senhor sabe! Doente há anos! Ele pensa que a mamãe está internada para exames! Agora, o senhor diz que ela vai para a UTI e não há mais nada a fazer?

— Há o que fazer, sim: levá-la à sala de tratamento intensivo! O quadro da mãe de vocês é muito difícil! E não é a primeira vez que lhes falo isso! Hoje, não sabendo mais o que fazer, comprometi-me a pesquisar e a falar com outros colegas. Mas não obtive sucesso algum.

— Antes a tivéssemos levado aos Estados Unidos! — disse outro filho, até então silencioso.

O médico nada respondeu, descontente com tudo que ouvia, permanecendo ali em pé, como se aguardasse autorização para transferir a idosa para a Unidade de Tratamento Intensivo.

— Mas ela piorou muito, doutor?
— Houve uma alteração negativa, como já disse.

Todos ficaram em silêncio, pensando a respeito. Ao final, propôs o filho mais velho:

— E se aguardarmos mais esta noite? Façamos assim, se pela manhã os números tiverem piorado, a mamãe vai para a UTI.

— Isso! — reforçou sua irmã.

— Mas, vejam, não há razão para esperarmos! — manifestou-se o médico.

— Por favor, doutor!

Eu mal acreditava no que via. "Que amor é esse dos filhos em relação à mãe? Quanto desrespeito! Como podem existir filhos com esse comportamento? A que ponto chegaram! Decerto por disporem de muito dinheiro, julgam tudo poder, inclusive vetar a desencarnação da esgotada mãezinha?" — pensava.

E, sem perceber, essas minhas observações mudas, carregadas de críticas e censuras, passaram a *pesar* no ambiente. Foi preciso um olhar de desaprovação de Atsune para que eu caísse em mim, envergonhado, lembrando-me então dos conselhos de Jordi: "busque sempre a vigilância no tocante aos pensamentos e às emoções". Recorri à face de Jesus, enquanto emitia breve pedido de desculpas.

Santon, suspeitando o adiamento da transferência, não perdeu tempo:

— Voltemos rápido ao serviço junto a nossa pobre Veridiana. Vamos agravar sua situação.

Reuniram-se em torno da enferma, movimentando os devidos recursos sob orientação precisa de nosso chefe. Sentindo que meu papel naquele instante não deveria ser o de um simples observador, comecei a orar em prol da agonizante, sensibilizado.

Os *bips* do monitor aceleraram, causando pânico aos filhos e apreensão ao doutor.

- Vamos à UTI, imediatamente!... Enfermeira! Enfermeira!

Em pouco tempo, já estava transferida a senhora Veridiana, para que, então, nossos médicos invisíveis iniciassem a próxima etapa dos auxílios.

Já sem a influência direta da filharada, que permanecera em sala próxima, e amparada pela medicina espiritual, sua alma cansada teria maior facilidade de se desprender do decrépito corpo físico.

VI
Ainda no hospital

Eu continuava observando a mobilização médica *deste lado* da vida junto à senhora Veridiana, na sala toda aparelhada da UTI, quando outro médico espiritual ali da Casa de Saúde adentrou a unidade. Tinha ele um convite a me fazer:

– Alguns andares abaixo, estamos vivendo situação algo semelhante à observada por você aqui. Não é tão intrincada como essa, mas, ainda assim, teremos de recorrer à *melhora momentânea*. Tendo em vista sua

tarefa de observador, se for de seu interesse, poderá nos acompanhar.

Olhei para Santon e recebi dele a anuência para tal:

– Acompanhe, sim, nosso amigo. Estaremos por aqui quando voltar. Embora o serviço junto à nossa irmã ainda seja considerado delicado, o caminho agora está bem claro. Sua total falência orgânica se verificará nas próximas horas.

Saímos, eu e dr. Rico – esse era seu nome –, a caminho do quarto em questão.

Ao chegarmos, avistei um senhor ofegante e agitado a se debater no leito, rodeado por familiares. Seus olhos se abriam desmesuradamente de quando em quando, refletindo os golpes de aflição que a moléstia lhe impunha, perturbando-o com severidade. Aproximando-se do acamado, notei suas percepções atrapalhadas, impedindo-lhe a compreensão adequada do que ocorria à sua volta. Examinando-o com atenção, e sob as orientações de dr. Rico, notei seus órgãos a caminho da falência completa, evidenciando desencarne próximo. A família, contudo, insistia em retê-lo ao velho corpo através de pensamentos e lágrimas carregadas de lamúrias. E, de todas as pessoas, a esposa era a mais abalada. Seu semblante fatigado dava conta de sua presença ali há muitíssimas horas. Segurando o marido por uma das mãos, apenas chorava, já sem forças para qualquer frase. Porém, seu pranto amargurado o alcançava diretamente, dificultando sobremodo sua pré-desencarnação.

Os parentes aguardavam o médico para que, provavelmente, fosse o enfermo conduzido à Unidade de Terapia Intensiva.

Dois auxiliares de dr. Rico esperavam seu sinal para iniciarem o procedimento previsto. Visando, então, me

colocar a par de tudo, ainda que rapidamente, falou o doutor:
— Como percebe, a família o prende. Lançamos mão de tentativas mais simples, mas como não obtivemos sucesso, resta-nos agora melhorar sua condição.
— "Melhorar sua condição"? – perguntei, confuso. Diante de minha incompreensão, o esculápio detalhou:
— Recorreremos a atividade específica junto ao seu organismo, estimulando-o a funcionar harmoniosamente, ainda que por pouco tempo. Isso irá ocasionar uma melhora visível na sua situação. Suas aflições irão sumir, sua respiração se tornará leve e um sono brando o levará ao descanso.

Estava aí a tal *melhora momentânea*, mas, ainda assim, eu não vislumbrava sua razão de ser. Sendo ela de curta duração, onde estaria a vantagem? Não desencarnaria, esse senhor, de qualquer jeito? – pensava isso em silêncio. Quando fui formular a primeira pergunta, dr. Rico, lendo-me tal intenção, antecipou-se:
— Aguarde e entenderá.

Aproximando-se do doente, o médico da Espiritualidade foi passando orientações a seus auxiliares, carregadas de termos específicos à ciência médico-espiritual, enquanto ele próprio iniciava sua parte na operação.

Muitos minutos ficaram ali em serviço, profundamente concentrados... E então, a certa altura, a situação do encarnado foi se alterando. Sua respiração acelerada passou a desacelerar, seus olhos foram se acalmando, seu corpo já não sofria agitações bruscas... Alguma lucidez, ainda que silenciosa, passou a ser notada...

Tempos depois e o enfermo já repousava em silêncio, plácido.

A família, percebendo tais mudanças, não sabia direito o que pensar. Uns acreditavam em milagre, enquanto outros, no poder da medicação utilizada há algumas horas. De todo modo, a euforia tomou conta de todos. Um dos presentes correu a chamar a enfermeira, que veio às pressas, fazendo-se acompanhar do médico responsável pelo caso, o qual, depois de examinar detidamente o acamado, pronunciou, surpreso:

– É incrível! A melhora é notável! Nem sei o que dizer! Batimentos, pressão, temperatura, frequência respiratória... Tudo muito melhor se comparado à minha última visita!

E eu ainda sem entender a razão daquilo tudo...

O médico deixou o quarto satisfeito, enquanto a enfermeira permaneceu. Todos, agora, esperançosos e contentes. Mais uns minutos e alguém sugeriu à esposa do enfermo:

– Vá tomar um banho e comer alguma coisa! Está aqui há tantas horas! Nosso querido agora está bem! Vá para a casa! – propôs-lhe uma senhora.

– Isso! Vá mesmo! – exclamou outra.

– Pode ir tranquila, eu fico aqui até você voltar! – afirmou um senhor.

– Eu também posso ficar, estou no posto logo aqui em frente ao quarto... – dispôs-se a enfermeira.

– Vamos mãe, nós vamos com a senhora! O tio disse que fica com o pai. A senhora pode até dormir um pouco!

– Ah, se vocês forem, eu aproveito e pego uma carona – disse outra parente.

A esposa pensou, pensou, e acabou concordando. Foram-se todos, à exceção do tio e da enfermeira.

Olhei para o dr. Rico, considerando que agora poderia receber dele algum esclarecimento. E ele não me "deixou na mão":

- A *melhora momentânea* visa elevar, ainda que por pouco tempo, a condição clínica do enfermo a caminho do desencarne, para que aqueles que o cercam, geralmente os familiares, percebendo-o melhor, relaxem, diminuindo com isso a tensão do ambiente, aliviando a atmosfera do quarto. Constatando, então, a melhora do ente querido, é comum os familiares se afastarem para banhos, lanches e descansos, deixando o local livre para melhor auxiliarmos no seu processo desencarnatório.

Surpreendi-me! E permaneci em silêncio... Não sabia o que pensar, ao certo. Reconhecia, obviamente, a eficácia da ação, mas me incomodava um pouco pensar nos familiares que deixaram o quarto certos da recuperação do acamado. Percebendo esse meu desconforto, o médico prosseguiu:

– Pensa nos parentes, não é? É compreensível. Mas veja, bastava a eles a postura resignada, a confiança sincera no Criador, e não precisariam ser *convidados* a deixar o quarto. Permanecessem eles em oração voltada exclusivamente ao bem-estar espiritual do acamado e estariam colaborando com o recinto, ajudando-nos a ajudá-lo. Mas, como acontece em boa parte das situações como esta, preferiram circular pelas faixas da lamentação sombria, movimentando pensamentos carregados de amargura, além de uma ou outra palavra de desespero. Aí *pesaram* no ambiente.

– E precisaram ser afastados por isso, ao menos por um tempo.

– Exatamente.

— Afastados para, então, o encarnado ter mais tranquilidade para iniciar seu *retorno*.
O médico espiritual afirmou com a cabeça.
Um tempinho se fez necessário para minhas reflexões em relação ao que vira e ouvira. Depois, dando vazão ao meu lado jornalista, busquei esmiuçar algumas coisas:
— E, como disse há pouco, esse tipo de comportamento ocorre em boa parte dos casos?
— Infelizmente. De início, parentes e amigos tentam mentalmente reter o enfermo a todo custo. Já quando percebem que isso não será mais possível, entregam-se a um desânimo funesto e injustificado, perturbador para aquele que está iniciando sua volta à Espiritualidade.
— Certo. Mas agora em relação aos familiares que colaboram, não *pesando* vibratoriamente nesses momentos, de que forma o fazem? Por acaso não choram? Não ficam tristes? Conseguem isso? É possível? As lágrimas e a tristeza nessas ocasiões parece-me algo natural...
Parecendo já aguardar por esses meus questionamentos, o médico respondeu sem qualquer dificuldade:
— Obviamente entendemos que, na atual condição evolutiva dos habitantes do planeta, ninguém se despedirá de uma pessoa amada entre risos, cheio de empolgação e alegria. Não! Haverá, sim, o choro, a tristeza, o luto — isso é esperado. Mas que essa dor esteja no limite aceitável, não descambando equilíbrio abaixo. Que chore, mas que as lágrimas não sejam sinônimas de revolta; que se veja triste, mas que essa tristeza não signifique definhamento; que viva o luto, todavia sem transformá-lo em precipício.
Silenciei, impressionado pela lucidez dessa última frase.

Contudo, percebendo-me o interesse pelo assunto, após breve intervalo, Rico continuou:

– É plenamente possível vivenciar a perda momentânea de alguém sem se revoltar, sem "entregar os pontos". Muitos o fazem! Choram, mas seguem confiantes na vida!

– Correto. Agora entendi perfeitamente a razão da *melhora momentânea*.

– Observe esse nosso amigo – apontando o doente. – Seu fluido vital está praticamente esgotado e seu organismo, já sem forças, nega-se a seguir. E não há nada de errado nisso, são apenas as leis naturais em movimentação! A vida biológica é finita e isso nunca foi segredo, nem para ele, nem para seus familiares. Após décadas de jornada física, chegou o tempo dele retornar à Espiritualidade! Seria justo deixar que esse seu retorno, já nos seus primeiros passos, fosse seriamente prejudicado pelo destrambelho emocional dos que o cercam?

– É... Não seria justo – concordei. – E o que acontecerá, agora, com esse nosso irmão?

– Daqui a pouco sua situação voltará àquela que você presenciou inicialmente. Ele irá piorar de forma grave.

– E vocês, então, poderão auxiliá-lo.

– Acompanharemos o processo, interferindo aqui e ali, quando percebermos essa necessidade.

– E quando a família retornar?

– Ainda que seja notificada da piora do quadro, conseguindo chegar aqui com certa rapidez, provavelmente o óbito já estará positivado.

– Então, o trabalho de vocês estará concluído?

– Não. Estará concluída apenas a primeira parte. Após a morte biológica, começaremos a colaborar no desligamento do perispírito, o que em geral leva muitas horas para ser concluído.

– Entendo. Mas agora, se me permite abrir um pouco o assunto, há casos em que o espírito demora muito tempo para se desligar do corpo físico, não é?

– Sim. O tempo de desligamento está diretamente relacionado ao apego à matéria por parte do espírito. Quanto mais ligado às questões materiais tenha sido ele, maior a demora e o sofrimento. Há desligamentos que chegam a durar meses.

– Impressionante!

– Mas isso não ocorrerá aqui. Esperamos que esse nosso irmão, por conta do modo como viveu, em vinte e quatro horas esteja totalmente separado do velho corpo, seguindo então para um hospital da Espiritualidade.

Dirigi ao enfermo um olhar carregado de consideração e respeito, pedindo a Jesus que continuasse a sustentá-lo nesse caminho de volta.

Em sequência, sentindo que era hora de retornar à UTI, onde prosseguiam Santon, Zandoná e Atsune, despedi-me de dr. Rico, agradecendo muito pela oportunidade, pelos ensinamentos.

VII
Retornando à instituição

De volta à Unidade de Terapia Intensiva, pude observar os momentos finais da vida corpórea da senhora Veridiana. E, quando a total falência orgânica se estabeleceu, vi seu perispírito se elevar alguns centímetros, permanecendo na mesma posição do agora cadáver, sendo dele uma cópia exata, só mais rarefeita, mantendo-se ligado ao corpo sem vida através de um grande número de

fios, os quais nada mais eram do que extensões do próprio *corpo espiritual*.

Começou, então, o desatamento desses *fios*, trabalho delicado e minucioso, executado por Santon e equipe. De minha parte, ainda que me mantivesse na faixa dos pensamentos elevados, visando colaborar para a paz do ambiente, senti abertura para alguma pergunta:

– Já estando aniquilado o corpo de carne, não é possível um desligamento perispiritual imediato?

– Não – respondeu-me nosso chefe sem interromper seu trabalho. – Esse rompimento abrupto perturbaria consideravelmente o ser. Lembre-se: corpo físico e perispírito estiveram jungidos por décadas, ligados célula a célula, em sistema de mútua influenciação e interferência. Tentar separá-los à força, mesmo estando o físico já sem vida, seria golpear violentamente a criatura que se liberta. Seria desconsiderar a potente experiência física com suas leis, impostas ao espírito que a elas se submeteu. Seria imaginar que, para o ser, tanto sua entrada no mundo corpóreo quanto sua partida não passariam de rápido movimento de pequena chave *liga-desliga*, julgando a encarnação um fenômeno vulgar, de pouca significação, o que definitivamente não é.

– Com certeza! Ela é muito mais que isso!

– Muito mais.

Diminuto intervalo e nova pergunta de minha parte:

– E vocês deverão permanecer em serviço até o total desligamento da senhora Veridiana?

– Sim, vamos acompanhá-la também na sala funerária, para a qual será conduzida daqui a poucas horas para ser velada. Deveremos estar junto a ela, pois nesses momentos podem ocorrer dificuldades.

Não me animei a perguntar que dificuldades seriam essas, entendendo ser o momento inapropriado para novos questionamentos. Aquietei-me.

Os serviços seguiram...

Já passava das quatro da madrugada quando o corpo deu entrada no salão funerário, passando a receber visitações e homenagens. Em pouco tempo já eram muitos os presentes, dividindo-se entre familiares e amigos. E então entendi quais seriam as possíveis dificuldades citadas anteriormente por Santon: mais uma vez, a lamentação dos entes próximos, agora em torno do caixão, retardava a libertação da senhora Veridiana.

Percebendo-me o semblante receoso, Zandoná tentou me acalmar:

– Não se atemorize. Essa influência era esperada, já contávamos com ela. Não indo além desse ponto, seguiremos bem.

E assim as horas correram. Entre momentos de maior e menor dificuldade, as coisas caminharam conforme o esperado e, ao final da tarde, minutos antes do caixão ser fechado e conduzido a cemitério próximo, o espírito da senhora era afastado em definitivo do próprio cadáver.

Ainda inconsciente, parecia dormir tranquila enquanto era levada à instituição que nos servia de sede, onde ficaria por um tempo e para onde também retornaríamos.

De minha parte, precisava descansar um pouco. Desabituado a serviços no plano físico – ainda mais por tantas horas ininterruptas –, carecia agora de algum repouso.

Descansei...

Horas depois, já renovado, fui procurado por Liana, a jovem servidora da Casa:

– Bom dia, Lael! Repousou? – perguntou-me, sorrindo.

– Sim! Estou refeito!

– Que bom!... Santon e equipe estão passando alguns ensinamentos para outros médicos que até aqui vieram, a pedido de Nicácio.

– Ah, estão dando um curso?

– Hoje em dia eles falam *workshop*.

– Como eu sou atrasado!

Rimos. Ela prosseguiu:

– Assim, como você ficará por aqui pelo menos até o meio-dia, Nicácio sugeriu levá-lo para ouvir uma senhora que está conosco há pouco tempo. Suas descrições a respeito da própria desencarnação são bem interessantes. Acreditamos até que você as inclua no livro depois de ouvi-las.

– Ótimo! Mas ela não se perturbará com tais lembranças?

– Não. Já está bem quanto a isso. Melhor dizendo, está bem de um modo geral. Tanto que, na próxima semana, já estará seguindo para sua cidade espiritual. Tais recordações não lhe causarão nenhum dano. Fique tranquilo.

– Bem... Se é assim, estou pronto!

– Então sigamos. Há um pequeno jardim ligado à ala dos que se recuperam e a senhora Horácia nos aguarda lá.

Em poucos instantes, percorríamos os corredores do jardim, entre canteiros coloridos e filetes d'água, vindo a estacionar em frente a um banco de madeira, do qual uma senhora de porte distinto se levantou para nos receber.

Após sermos apresentados e nos cumprimentarmos, falei à senhora sobre minhas anotações, dizendo-me interessado em ouvir seus testemunhos sobre a própria morte. Ela se disse ciente desse meu projeto e que ficaria satisfeita em narrar algo que pudesse ser útil a ele. Sentamos os três. Mas antes de iniciar efetivamente suas lembranças, ela emitiu algumas considerações:

– Embora saibamos ser comum ao espírito vivenciar um estado de perturbação durante o desencarne, quero lembrá-lo de que cada um tem as suas próprias sensações aflitivas, íntimas e únicas, a refletir sua realidade interior. Assim, esses meus relatos são muito particulares, correspondentes ao *meu mundo* naquele instante, não devendo, desse modo, serem tomados por regra geral.

– Sim, bela observação! Cada desencarnação é única.

– Isso mesmo. Então, vamos às lembranças.

Ela olhou fixamente para um dos filetes d'água, como se buscasse nele aqueles dias do passado recente, iniciando sua fala depois de alguns segundos:

– Quando encarnada, eu achava que a morte não passava de questão simples, em que a alma se afastava da velha vestimenta e pronto. Liberava-se e seguia viagem. Grande engano. Sempre fui uma mulher muito prática, dessas que dizem por aí estar à frente do seu tempo. Trabalhava, era independente, tinha opinião... E essa minha praticidade chegava até os assuntos fúnebres: morreu, parte o espírito, enterra-se o corpo.

– Acreditava na vida após o túmulo? – interrompi, sem perceber.

– Sempre acreditei. E como não sabia para onde iria depois de morta, resolvia a questão afirmando: "vou para onde me mandarem e pronto".

Ri, com um quê de admiração pela força daquela senhora. Ela seguiu:

– Contudo, quando a moléstia avançou, obrigando-me ao recolhimento final, comecei a meditar realmente acerca da morte. Como se percebesse, então, não ser tão fácil passar por ela como imaginara até ali, fui sendo tomada por aflição crescente à medida que percebia a evolução dos sintomas. Perguntava mentalmente: "para onde seguirei?". Que levarei comigo? Fui uma boa pessoa?"

"Em poucos dias, passei a sentir um sono doloroso, que me derrubava sem me apagar, impondo-me estranhas sensações. Sentia-me em um mundo paralelo, em uma realidade esquisita... Estava certa de ainda estar presa ao corpo físico, no leito, contudo, o quarto parecia desaparecer. Nesses momentos, via à minha volta tanto encarnados quanto desencarnados, mas não os ouvia. E a certeza da proximidade do óbito aumentava.

"Então, nas minhas últimas vinte e quatro horas de vida, as coisas evoluíram rapidamente. Passei a sentir dois cérebros na cabeça. Um, o *velho*, parecia exausto e pesado; já o *novo* era rápido e leve... Isso foi muito insólito! A visão diminuiu quase que totalmente sua capacidade, faltando pouco para a cegueira completa, mas ainda aí, passei a perceber uma neblina me envolvendo. Essa neblina se iluminava de vez em quando por clarões rápidos, como se esses clarões fossem produzidos por raios mudos, enchendo-me de medo. Comecei a sentir dolorosa pressão craniana, além de frio, muito frio.

"Já sem saber se estava ou não coberta, se havia pessoas à minha volta ou se estava sozinha, se era dia ou noite, apavorei-me, recorrendo a Deus, pedindo-Lhe amparo, o que, pelo que me lembro, nunca havia feito até então. Foi quando senti que duas mãos misericordiosas me davam passes concentrados na cabeça, permanecendo ali por um bom tempo. Então, me vi mais segura, até sentir um forte choque na parte detrás do crânio, acima da nuca – o passe havia desatado algo. E aí, as sensações que passei a sentir foram incríveis! Era como se eu fosse uma represa que acabava de ter suas comportas estouradas, liberando toda sua água de uma vez, a qual se espalhava ferozmente para todos os lados! Disparou em minha tela mental o *filme da vida*, fazendo-me assistir, em enorme velocidade, minha primeira infância, depois a idade escolar, aí a adolescência, o início da maioridade, a fase adulta... Passei por cenas das quais nem mais me recordava. Revivi sentimentos como se estivessem sendo vividos pela primeira vez. Foi extraordinário e assustador! Tanto que me desequilibrei, julgando-me sozinha na imensidão. Tentei me levantar às pressas, mas já não mexia um dedo sequer. Tentei gritar, mas a garganta em nada me obedecia. Então, pela primeira vez, ouvi uma voz serena, porém firme, dizer-me: 'Acalme-se! Você precisa fazer silêncio! Lembre-se de Deus!' Busquei obedecer, mas sem sucesso. Sentindo-me ainda envolta em névoas, com muito frio, sem saber onde estava, sem poder me mexer e com incômodos na cabeça, fui tomada por grande pânico, disparando um choro convulsivo, descrente de tudo.

"Foi aí que uma luz branca se fez notar à minha direita e, de dentro dela, vi sair minha irmã mais velha, Hortência, desencarnada há quase quinze anos. Que alegria senti naquele instante! Minha irmã vinha me ajudar! Ela, que durante nossas vidas foi para mim uma verdadeira mãe, retornava para me acudir! Tentei erguer um pouco o tronco para recebê-la, mas continuava não sentindo o corpo. Quis agradecê-la pela presença, mas novamente a garganta não me obedeceu. Percebendo, então, minha frustração, ela começou a acariciar-me a cabeça gélida, afirmando: 'Estarei contigo, amada irmã! Agora descanse!' Embora ainda chorasse, o pranto não era mais de pavor, e sim de reconhecimento. Entendi, por conta de sua presença, que eu estava atravessando o *vale da morte* naquele instante, que a jornada física se encerrava ali e que nova vida se iniciaria. E isso me assustou. O medo do desconhecido, a possível perda de tudo o que me servia de referência no mundo, o recomeço em lugar distante... Novamente minha irmã precisou intervir: 'Os benfeitores estão desatando os elos, precisamos colaborar com eles. Vamos orar!' Disse isso e, em seguida, iniciou o Pai Nosso."

Horácia fez uma breve pausa, como se estivesse organizando as próprias lembranças, para prosseguir sua narrativa:

– Embora nunca tenha sido religiosa, conhecia a oração, passando a acompanhá-la mentalmente. E isso deu bom resultado. A pressão na cabeça e o frio diminuíram, assim como a aflição. A respiração estava mais equilibrada e a visão teve alguma melhora, o que me permitiu ver, ainda que de modo embaçado, dois espíritos a me aplicarem energias salutares. Confirmando os benefícios da oração, decidi permanecer nessa faixa mental, buscando o Criador. E, à medida que o fazia, sentia o pensamento mais rápido e límpido, deixando-me entrever a capacidade mental do espírito quando já liberto do velho corpo. Impressionei-me outra vez. Não sei se por alguma intuição, optei por respirar de um modo mais prolongado – como nos é recomendado nos instantes de nervosismo – e deu muito certo! Fez-me um bem imenso so pensar em Deus, agradecendo-lhe por liberar dois de seus benfeitores, mais a minha irmã, para estarem comigo àquele instante.

"Sentia-me bem e isso me acalmava. Não mais me debatia, ainda que me sentisse muito fraca. A visão melhorou mais um pouco e, com isso, acabei me vendo *duplicada*. Vi meu cadáver enrijecido, minha face magra e pálida, os olhos fechados e fundos... E isso não me fez bem! A imagem sombria da *morte*, criada por nós mesmos e transferida de geração a geração, estava ali representada naquele corpo, que era o meu! Desejei sair dali, mas isso ainda não era possível, conforme me explicou Hortência. Os *laços* ainda estavam sendo desatados; mais algumas horas eram necessárias. Então, outra vez, minha irmã veio em meu auxílio com palavras valiosas: 'Horácia, mantenha o olhar desviado por enquanto. Quanto ao corpo agora já sem vida, agradeça-o intimamente, pois foi ele seu maior companheiro em todas essas décadas, possibilitando a você as experiências necessárias ao aprimoramento espiritual, como abençoado veículo orgânico criado por Deus!' Dizeres sábios que me fizeram recordar de muitas passagens vida afora, as quais considerava decisivas para o meu amadurecimento, e que só foram possíveis – concluía, então – por causa daquele *vaso bendito*, daquele corpo agora totalmente esgotado. Ele havia sido realmente o meu grande amigo! Como não agradecer?"

Diante da beleza contida na fala da senhora Horácia, uma emoção boa nos alcançou a todos e um pequeno intervalo se impôs.

Passados alguns momentos, ela reiniciou:

– Já mais ajustada, após agradecer ao velho corpo pela longa parceria, recolhi mais um conselho: deveria esquecer a jornada física, apenas me concentrando em Deus. Obedeci. E, ao correr do tempo, as névoas foram se dissipando e eu passei a ver a realidade à minha volta, ainda que de modo um pouco desfocado: estava no meu próprio velório. Mais uma vez uma sensação angustiante me ameaçou e só não foi além por conta da presença de minha irmã com suas palavras de ânimo.

"Em pouco tempo, senti um pequeno tranco, um tremor rápido como um raio a percorrer todo meu corpo e, então, ouvi de um dos benfeitores que eu já poderia ser retirada daquele lugar. Aliviada, notei minhas percepções mais vivas, embora fosse agora tomada por uma fraqueza nunca imaginada. Captava tudo ao meu redor, percebia e pensava rapidamente, mas não tinha forças para levantar um braço.

"Apesar disso, mesmo imóvel, assisti com grande interesse o meu transporte até esta Casa, o que se fez rapidamente. E assim que aqui cheguei, embora curiosa para observar as coisas à minha volta, passei a sentir um sono esmagador, contra o qual eu tentava lutar. Percebendo essa minha batalha, Hortência me orientou, afirmando ser prejudicial essa minha resistência ao sono, pois ele se impunha por uma necessidade, devendo ser vivido para meu bem, para a restauração de minhas forças. Entreguei-me a ele. E dormi por muitas e muitas horas.

"Quando acordei, ainda sentia alguma debilidade, mas já incomparável àquela sentida nos primeiros momentos. Hortência ainda estava por aqui, ficando ao meu lado por mais um tempinho, seguindo, depois, para seus afazeres na Espiritualidade. Então, fui melhorando dia a dia, consciente da minha condição de desencarnada desde o início. Hoje, estou muito bem, tanto que seguirei

viagem até a cidade de minha irmã nos próximos dias. Morarei com ela. Estou muito empolgada!... É isso!"
Chegava ao final sua narrativa, na qual muita coisa interessante havia sido dita. Mas entre todas essas coisas uma se sobressaíra, chamando-me a atenção. Perguntei a respeito:
– Senhora Horácia, ao que me parece, a senhora não ficou inconsciente durante o processo da desencarnação em nenhum momento, estou certo?
– Sim, está certo. Senti-me estranha, dolorida, aflita... Confusa, cansada... Mas em nenhum momento caí na inconsciência.
– Poxa, isso não é comum!
– Realmente não é. E vim saber disso só aqui.
Então Liana, recorrendo ao bom humor, comentou:
– Lael, antes de você perguntar o porquê disso ter acontecido, lembre-se que essa nossa entrevistada nunca foi uma mulher comum!
Rimos todos. E, levantando-me para cumprimentar a senhora Horácia, dei início às despedidas:
– Bem, então chegamos ao final. Quero dizer que foi um grande prazer conhecê-la! E que sua história, ainda que pessoal, foi muito ilustrativa! Com toda certeza, será fielmente transcrita!
– Ficarei feliz se ela for útil de alguma forma.
– Creia que será, sim! Muito obrigado!
Demos um longo abraço.
– E até um dia, senhora Horácia!

VIII
Os dois velórios

O marcador do relógio aproximava-se das 13h quando Santon veio à minha procura.

– Lael, prepare-se. Em alguns minutos vamos a campo.

– Certo. Qual nosso destino?

– Vamos a dois velórios. No primeiro, a equipe espiritual que lá se encontra está enfrentando sérias dificuldades para liberar o espírito de seu corpo. No segundo... Bem, lá você verá.

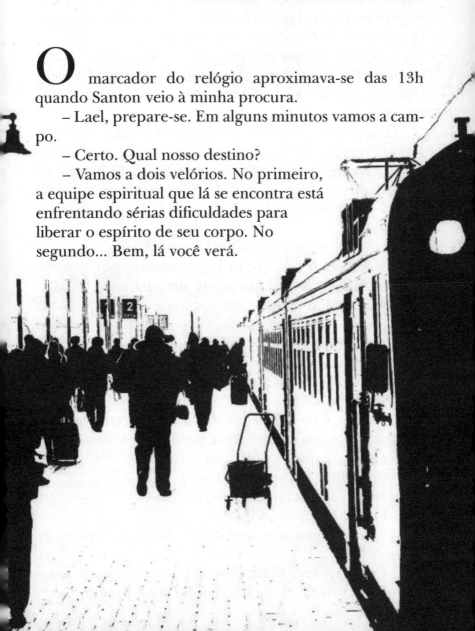

Em pouco tempo, chegávamos à primeira sala funerária. Simples e pequena, estava lotada de pessoas, as quais, em pé, davam a impressão de estar próxima a hora do sepultamento. Aproximando-nos do caixão ainda aberto, percebi que o cadáver – um rapaz – apresentava considerável inchaço craniofacial.

– O óbito foi causado por grave doença renal aliada a um problema cardíaco. Aí a razão do inchaço, aumentado sensivelmente um dia antes da morte orgânica – esclareceu-me Atsune.

Observando o espírito ainda ali, notei que sua aparência e posição eram as mesmas do corpo, com o qual ainda mantinha muitos pontos de ligação. Muito vivo e perturbado por não entender o que se passava, fragilizava-se cada vez mais à medida que ouvia as pessoas ao seu redor.

Então, foi a vez de Zandoná me explicar:

– Esse moço está sendo bombardeado por comentários descaridosos a respeito de sua aparência. É alvo de análises insensíveis de grande parte desses que aqui estão. E isso está ocorrendo desde o início do velório. Por conta da rotatividade dos visitantes, à exceção da família primeira, os que chegam acabam fazendo algum comentário acerca do inchaço do corpo. Dê uma volta pelo público e confira.

Obedeci. E conforme me misturava aos encarnados, ouvia deles os tais comentários, proferidos em baixo volume e sempre ditos à pessoa ao lado...

– Coitado! Como inchou, não?
– Nossa, ele está irreconhecível!
– Olha o tamanho do rosto!
– É bom as crianças nem verem, senão não dormem depois!
– Credo, parece outra pessoa!
– Que tristeza, ele era tão bonito quando vivo!

– Essa é a realidade! A carne não vale nada!
– Será que não tem nenhum risco?
– Do jeito que está, é bom enterrar de uma vez!
– Como pode ficar deformado desse jeito?
– É... Esse é o nosso fim!
– Pobre criatura! Acabar nisso aí!

Fiquei chocado! Quanta imprevidência e desrespeito!

Sábio ditado aquele que diz: "se você não tem nada para dizer de bom, cale-se".

Voltei às pressas para ficar junto aos médicos, em silêncio e negativamente impressionado. Percebendo essa minha condição, um dos técnicos que ali já estava antes de chegarmos veio falar comigo:

– Todos esses comentários insensíveis que você ouviu perturbam a sala, chegando até o desencarnante, causando-lhe pavor. São projeções inundando – o ambiente e envolvendo esse espírito que sequer entende corretamente o que vivencia.

– Lamentável!

– Vem disso a razão de termos chamado o dr. Santon e equipe. Você deve ter percebido que o enterro ocorrerá em instantes. Assim, algo precisava ser feito às pressas, já que nossas tentativas se mostraram ineficazes.

– Sim. E não seria interessante que esse rapaz descesse à cova atrelado ao próprio corpo, não é?

– Exatamente. Devemos fazer de tudo para que isso não ocorra, pois seria um verdadeiro espetáculo de horror para ele, que não precisa passar por essa experiência.

– E você atribui toda essa dificuldade em desligá-lo aos comentários invigilantes aqui ouvidos?

O técnico pensou um pouco e respondeu:

– Sim. Uma grande parte, pelo menos. Veja, qualquer desencarnado nessas condições se ressentiria desses comentários, ainda que cada um respondesse a eles a seu modo. A alguns, os comentários perturbariam, mas não tanto; já a outros – o que é o caso desse nosso irmão –, eles acabariam atrapalhando muito sua libertação.

– E você saberia me dizer como ele respondeu aos primeiros momentos pós-óbito? E qual sua condição íntima nesse momento?

– O óbito se deu no hospital onde estava internado há semanas. Ele estava inconsciente no momento, permanecendo assim até chegar aqui e começar a ser visitado por parentes e conhecidos. Até então, ele se debatia um pouco em suas próprias criações mentais, mas nada que fugisse ao comum. Mas quando deu entrada nessa sala e passou a ser alvo das exclamações daqueles que viam seu cadáver deformado, foi como se começasse a ser bombardeado. Ouvindo *de longe* tudo o que diziam a respeito de sua aparência, suas perturbações aumentaram, tudo ficou ainda mais confuso e o pânico da dúvida quanto a estar *morto* ou *vivo* acabou por desestruturá-lo. À medida que foi ouvindo sobre sua deformação, foi se trancando, apavorado, criando uma imagem distorcida de si mesmo, pior até do que aquela sugerida pelos comentários em volta. Temos tentado falar com ele, que se nega a nos ouvir, aterrorizado com sua autoimagem.

Pensei um pouco a respeito e então arrisquei:

– Seria melhor se o caixão estivesse fechado, não é?

– Sim. Como esse nosso irmão não dispõe de fortaleza psicológica – como a grande maioria de nós! –, acabou se deixando levar pela descrição que é feita a seu respeito, o que não ocorreria caso a urna estivesse fechada.

– E você pode me dizer o que será feito agora?

– Dr. Santon e equipe estão desatando os laços possíveis, mas estamos todos aguardando a rápida cerimônia religiosa que está prevista para instantes. Durante as orações, esperamos a elevação vibratória do ambiente, o que muito auxiliará nos desligamentos.

Mal acabou de falar e vimos um senhor de terno, com um exemplar da Bíblia Sagrada na mão, acompanhado de dois colaboradores, adentrar a sala. Ao seu lado vinha um espírito de agradável semblante – por certo seu mentor. Os presentes foram silenciando à medida que o religioso adentrava o ambiente. Ele então parou junto ao caixão, cumprimentou respeitosamente os familiares e, em seguida, convidou todos a fixarem o pensamento em Deus, enquanto ele proferiria a prece inicial. Então, orou de improviso, com muito vigor e beleza. Ato contínuo, abriu uma página do Velho Testamento, previamente marcada, lendo Eclesiastes, em seu capítulo 12, versículo 7:

- O pó volte à terra, de onde veio, e o Espírito volte a Deus, que o deu.

Na sequência, teceu comentários acerca do trecho bíblico, fazendo-o com emoção, embasado em sua escola teológica, dócil ao auxílio de seu benfeitor espiritual, que permaneceu todo o tempo ao seu lado, dando-lhe o devido suporte. Os presentes, agora inspirados a circular por faixas elevadas do pensamento, aliviaram a atmosfera e, em alguns minutos, a religiosidade pairava no salão funerário. Com isso, Santon e equipe tiveram a abertura necessária para colaborar de modo mais robusto com o desprendimento do rapaz que, muito cansado, fazia-se também mais calmo. E, por essas razões – calma e cansaço –, facilmente absorveu os fluidos soporíferos movimentados pelos médicos, vindo então a dormir pesadamente. A partir daí, a excelência dos doutores entrou em ação e, segundos antes do caixão ser fechado, nosso rapaz estava desligado do veículo de carne, sendo dali retirado em sono profundo e encaminhado também à Casa Espírita que nos servia de base. Sua aparência perispiritual ainda era a mesma do corpo físico.

O trabalho ali estava concluído. Iríamos, agora, para o segundo funeral.

– Nesse próximo velório, seguiremos apenas nós dois, Lael – informou-me Santon. – Atsune e Zandoná seguirão para outro lado.

Partimos. Enquanto percorríamos o trajeto, tive oportunidade de perguntar algo a respeito desse último atendimento:

– Como ficará a situação desse rapaz? Sua saúde? Sua forma perispiritual? Quais os possíveis tratamentos?

O médico amigo ouviu sem qualquer sinal de enfado, passando a responder em seguida:

– Ele deverá ser mantido em profundo sono ainda por algum tempo. Depois, precisará ser transferido para um hospital na Espiritualidade, onde permanecerá internado, recolhendo alguns tratamentos, entre eles um específico para voltar à sua antiga forma.

– Teríamos uma ideia da duração desses tratamentos?

– Não. Muitos fatores interferem nesse processo. Um número aproximado só seria possível depois de passá-lo por acurado exame, o que será feito pelos médicos que o acolherem no hospital, no segundo momento.

– Entendo.

Dali a pouco chegávamos. A sala funerária de agora também era modesta e o número de pessoas velando o corpo não passava de dez. Mas a serenidade reinante no ambiente era de impressionar, assim como o grande número de espíritos ali presentes, todos tranquilos e silenciosos.

Procurando a pessoa que desencarnava, encontrei-a logo acima do corpo, dormindo serenamente, enquanto técnicos de nosso plano colaboravam com seu desligamento. Surpreso ante tudo aquilo, recebi os seguintes esclarecimentos de Santon:

– Presenciamos aqui a desencarnação de um trabalhador do Cristo. Um homem que nasceu e viveu na pobreza material, conforme previsto na sua programação reencarnatória. Que não teve família, vivendo em orfanato toda a infância, até o início da adolescência, quando de lá saiu para trabalhar e sustentar a própria vida em trabalho rústico. Também não teve a chamada segunda família: não se casou nem teve filhos. O que não quer dizer que não tenha amado. Ao contrário, elegeu como filhos todos os sofredores à sua volta, ingressando, no início da maioridade, na causa cristã, sob as orientações da Doutrina Espírita. Médium cônscio de suas responsabilidades, acolheu os sofredores desencarnados por quatro décadas ininterruptas, abrigando-os momentaneamente em seu altar íntimo, envolvendo-os em vibrações novas e positivas. Paralelamente a isso, foi ombro consolador para centenas de encarnados em sofrimento, tendo sempre a palavra de esperança e ânimo como recurso terapêutico. Por ser pessoa muito simples, sem qualquer interesse em ser notado, e seu trabalho fraterno se dar entre os que estão à margem, em área muito pobre aqui da capital, viveu ele à distância dos holofotes do mundo, em silêncio, sem chamar a atenção. Contudo, se foi invisível ao grande público, foi muito notado pela Espiritualidade, que passou a tê-lo como um confiável colaborador nessa sua região.

Embora eu estivesse tocado tanto com a cena quanto com as explicações de Santon, o jornalista em mim precisava pormenorizar as informações ouvidas:
— Ele é um espírito missionário?
— Não. É apenas uma criatura que resolveu ser firme em aceitar os convites da própria consciência em relação aos afazeres não só pessoais, como também coletivos. É alma ainda distante da santificação – como nós mesmos –, mas decidida a marchar com o Cristo. Com o passado a lhe pesar, sua reencarnação teve vários lances expiatórios, entre eles a orfandade, a impossibilidade do matrimônio e da paternidade. Mesmo assim, não se fez surdo aos apelos íntimos que sempre o convidaram à vivência das virtudes, entre elas a prática da caridade. E, como sempre beneficiou seu próximo, recolhe, agora, benefícios para si mesmo.
— Correto. E por conta dessa vida abnegada podemos dizer que ele surpreendeu a Espiritualidade? Fez mais do que o esperado? Ou isso tudo já estaria previsto em sua programação reencarnatória?

O médico pensou um pouco antes de responder, buscando as palavras que melhor expressassem seu pensamento a esse respeito:
— Veja, Lael, sempre podemos ir além. As Leis Universais estabelecem um limite para a nossa dor, já para amarmos não há qualquer limite.

Sorri ante a singeleza e beleza da frase. Ele continuou:
— Mas, falando tecnicamente, os espíritos programadores da reencarnação, conhecendo o histórico daquele que irá voltar ao corpo denso, conseguem prever com boa margem de acerto o quanto ele poderá evoluir em sua próxima jornada. Isso, obviamente, levando-se em

consideração o aproveitamento máximo do que lhe foi programado.

— Então, provavelmente, esse nosso irmão que está sendo desligado e deixando o corpo chegou ao máximo de seu aproveitamento nessa vida?

— Não nos é possível afirmar isso. Só teríamos essa resposta se soubéssemos de toda a sua programação reencarnatória, o que não sabemos. Mas pelo que nos foi passado de sua biografia, e conseguindo constatar a sua serenidade neste instante, podemos arriscar que seu aproveitamento foi muito bom. Se pode ou não ser considerado um *completista*, já não podemos dizer.

— *Completista*? O que isso quer dizer, mesmo?

— *Completista* é o espírito que cumpriu totalmente a sua programação reencarnatória. São raros!

— São?

— Sim. Geralmente, quando estamos encarnados, perdemos oportunidades de crescimento espiritual, pois buscamos, a nosso prejuízo, vivências e posturas que se convertem em desperdício de tempo. Fazemos algo de bom aqui ou ali, bem aproveitando os convites da vida... Passamos com algum sucesso por essa ou aquela prova... Computamos alguns acertos em nossa ficha espiritual... Mas raramente cumprimos à risca o que havíamos combinado antes de *nascer*, pois queimamos boa parte do tempo que nos fora determinado na carne correndo atrás de prazeres vãos e ilusões.

— Estou entendendo.

— Há os que desperdiçam cinquenta por cento, outros setenta... Muitos desperdiçam ainda mais que isso. Então, ao final da linha, retornam para a Pátria Espiritual perturbados.

— Com a perturbação relativa ao exato percentual desperdiçado?

— Basicamente.
— Nossa!
— O homem comum ainda vê a encarnação como um *playground*, onde ele deve correr de um brinquedo para o outro, desesperadamente, buscando sensações momentâneas de um prazer egoístico, sem se preocupar com algo mais sério, desperdiçando, como já falei, suas preciosas horas. Pois que brinque! Mas que saiba que, ao *final do dia*, quando o *parque* fechar, pagará ele por toda essa *diversão* e *relaxamento*.

Nada exclamei. Precisava refletir em silêncio por alguns segundos.

Dali a pouco, Santon retomou a palavra:
— Veja todos esses espíritos aqui na sala. Estão aqui por gratidão. De algum modo, em algum momento, puderam contar com o auxílio de nosso amigo que agora desencarna. Muitos receberam dele a palavra amiga e o pão material quando ainda sofriam encarnados. Outros, foram acolhidos como desencarnados em sua mediunidade. Alguns, já na condição de trabalhadores, tiveram nele um colaborador firme para nobres serviços espirituais.

— Que bonito! — agora sim exclamei, emocionado.
O amigo médico sorriu, concordando comigo.
— Bem — falei —, posso então concluir que viemos aqui para que eu presenciasse um desencarne sereno, não é? Pois vejo não haver necessidade alguma de seus préstimos nesse caso.
— Isso mesmo.

Sorri outra vez, observando, tomado de carinho e respeito, aquele querido irmão que ia retornando placidamente ao "velho lar".

— E, ao se desprender totalmente, ele também será levado à Instituição que nos acolhe? — perguntei.

– Não. Vai para a Casa Espírita em que labutou por décadas, descansar um pouco antes de seguir para sua cidade espiritual.

Os espíritos ali presentes nos olhavam fraternalmente, sorrindo enquanto nos cumprimentavam, sem qualquer alarde.

A paz no ambiente era incrível.

Sem saber a razão, provavelmente tocado pelas vibrações do lugar, derramei uma lágrima, agradecendo a Deus pela vida e por ali estar naquele momento.

Na sequência, saímos silenciosos, voltando à Instituição.

IX
O trabalho mediúnico

Quando chegamos à instituição que nos abrigava, já não havia mais sol. Dali a pouco anoiteceria e eu imaginava dispor desse período para escrever, transformando as muitas anotações guardadas até ali em algum texto. Mas Santon tinha outros planos para minha noite.

– Lael, daqui a pouco, às vinte horas, terá início aqui na Casa o trabalho mediúnico. Nicácio lhe deu autorização para assisti-lo, crendo que algumas situações previstas para hoje podem ser interessantes para suas pesquisas.

– Ah, pois então estarei lá! Não sei bem como as coisas funcionam em um trabalho desses... Então, será mais uma ocasião para aprender.

– Com certeza. Eu não estarei aqui, mas Nicácio e seus trabalhadores lhe darão todo o suporte necessário. Você estará muito bem acompanhado.

– Estou certo disso!

Faltando então dez minutos para as vinte horas, o diretor da Casa veio me buscar. Ao seu lado, vinha um novo amigo.

– Lael, esse é Hans. Ele também é trabalhador daqui e estará conosco essa noite.

– Muito prazer, Hans!

Cumprimentamo-nos e fomos andando. Em instantes, estávamos no cômodo voltado para os afazeres mediúnicos. E de pronto me impressionou o número de espíritos em sofrimento ali presentes, aguardando atendimento ou já sendo amparados. Não sou muito bom com números, mas se tivesse que arriscar algum, diria estarem ali algo em torno de trezentos necessitados. Já do lado físico, apenas onze pessoas sentadas à mesa, em silêncio, aguardando a palavra de seu dirigente, aquela que abriria os trabalhos da noite.

Música suave percorria todo o recinto. Focando novamente o lado espiritual, tudo lembrava uma grande enfermaria em dia de intensa movimentação. Lendo minhas impressões, Nicácio veio me dizer algo a respeito:

– É realmente uma enfermaria, Lael, onde Jesus, o Grande Médico, atende a todos com imane desvelo!

Às vinte horas em ponto, o dirigente encarnado, ladeado e fortalecido por seu amigo espiritual, abriu os serviços com uma prece carregada de gratidão. Ato contínuo, leu um trecho de *O Evangelho segundo o espiritismo*, tecendo breve comentário. *Deste lado*, eu acompanhava Nicácio em silêncio, enquanto ele ia passando instruções diversas aos trabalhadores do momento. Mas mesmo aí ele não deixava de trazer esclarecimento a um ou outro ponto que me chamasse a atenção. Explicou-me, ao correr do tempo, ser aquele trabalho voltado ao pronto-socorro espiritual, onde os médiuns, esses *trabalhadores da última hora*, eram os *auxiliares de enfermagem* do Cristo. Que o número de atendidos era realmente algo em torno de três centenas de espíritos, os quais, em grande parte, imaginavam-se ainda no corpo de carne, vendo aquele lugar como uma enfermaria de concreto, buscando nela a medicação para suas dores diversas, o curativo para suas feridas, a sutura para seus cortes... Disse também que tantos outros ali já eram conscientes da condição de desencarnados, mas que ainda assim se viam igualmente adoecidos, desajustados emocionalmente ou revoltados, ou seja, necessitados de amparo. Explicou-me que os médiuns não *receberiam* todos aqueles espíritos um por um, isso seria obviamente impossível, mas que a vibração elevada gerada pelo grupo mediúnico durante aquelas duas horas seria de proveito geral, beneficiando de diversas formas os sofredores da noite. Referindo-se, mais ao final, ao contato estreito entre o espírito e o médium no momento do ato mediúnico, explicou-me ser esse muito saudável ao desencarnado, que recebe nessa conexão uma carga positiva, o que acaba lhe proporcionando algum alívio, facilitando sua compreensão, entre outras coisas... Já ao perceber minha surpresa ao notar o médium se ressentindo de indefinido mal-estar mesmo depois de encerrado o contato mediúnico, e do espírito já ter sido afastado, o esclarecimento foi o seguinte:

– O médium, durante o transe mediúnico, absorve uma cota do mal-estar vivido pelo desencarnado, recolhendo para si algo do que incomodava esse espírito. Mas, como você pode perceber, essa indisposição vivida pelo médium é curta, pois em minutos ele é amparado pela Casa que, através de seus trabalhadores espirituais, elimina dele essas sensações dolorosas, deixando-o saudável novamente.

Que noite!

Muito vi, aprendi e me emocionei!

Contudo, visando o real objetivo de minha presença no ambiente, passo a narrar agora as situações compatíveis com o compromisso assumido, deixando, quem sabe, para o futuro, a descrição das outras tantas coisas que me impressionaram.

A certa altura, Nicácio me pediu atenção para determinado espírito em roupagem masculina, o qual vinha sustentado por enfermeiros, abatido e confuso. Sem notar, ele era colocado ao lado de uma das médiuns do grupo para que fosse por ela acolhido. Com isso, em instantes, refletindo o mal-estar e a desorientação notada no espírito, essa médium passou a traduzi-lo:

– Ai.. Estou muito mal... Muito mal... Ainda dói... – falava com dificuldade, ofegante e em baixo volume. – Onde estou?

O dirigente do trabalho, em pé ao lado da médium, passou então a respondê-lo:

– Está em um lugar com totais condições para auxiliá-lo. Está entre amigos.

– É hospital?... Não enxergo quase nada... Mas parece que eu já estava em um hospital... Ah, quanta confusão na minha mente...

Demonstrando experiência em atender casos como esse, o dirigente seguiu esclarecendo de modo direto e fraternal:

– Sim, foi transferido do hospital em que estava. Adentra agora um hospital com novos recursos para ampará-lo. Agora, será encaminhado para o interior desta Casa de Saúde para, assim, iniciar seu tratamento.

O desencarnado continuou um pouco ofegante, sem nada dizer, como se buscasse entender o que lhe fora dito. Como se soubesse que algo de bom viria desse momento de silêncio, o dirigente aguardou. Mais alguns instantes e o espírito retomou sua fala:

– Parece que estou me sentindo melhor... A dor diminuiu bem... Respiro melhor... A desordem mental também diminuiu... É, estou melhor.

– Que bom, meu irmão!

Mais alguns segundos de intervalo antes do desencarnado continuar narrando seu estado:

– Estou também enxergando com mais qualidade.

– Que maravilha!

– Estou até vendo vocês aqui em volta dessa mesa.

– Graças a Deus!

Então o espírito, surpreso ao perceber quem eram os *vivos* em seu redor, pronunciou, assustado:

– Ei!... Eu conheço vocês!... Conheço sim!... Espera, porque vocês estão aqui?... Aqui não é um hospital? – inquiriu olhando para todos os lados, averiguando o ambiente, reconhecendo-o, por fim. – Não, não é!... Aqui é o nosso Centro Espírita!... É sim, eu o reconheço!

E começou a chorar, aflito, sem deixar de raciocinar em bom volume:

– Meu Deus, se eu cheguei aqui todo incomodado, nem sabendo quem era direito, todo perdido, e melhorei... Depois reconheci vocês e esse lugar... É porque eu já fiz a *passagem*!... Ai, meu Deus, é isso! Eu desencarnei!

O dirigente, sem qualquer afetação, passou a tecer comentários acerca da imortalidade do espírito, da grandeza da vida, do amor do Pai por todos nós... Dizia enquanto o desencarnado se agitava, aparentemente vivenciando uma confusão de sentimentos.

Nessa hora, outro médium da equipe, portador de clarividência, não contendo a própria comoção, narrou às pressas:

– É o Zé Carlos, gente! Ele foi trazido para cá antes do trabalho começar! É o nosso Zé Carlos!

A informação emocionou a todos. E o Zé Carlos chorou outra vez, passando a recolher novas palavras de carinho e ânimo do dirigente, fortemente intuído por seu benfeitor invisível.

Ao final, já mais calmo e sem grandes embaraços, mas em tom melancólico, Zé Carlos voltou a falar:

– Agora entendi tudo. Compreendo o que se passou. Toda a confusão mental, a sensação de deslocamento, os sentimentos tumultuados, a falta de clareza... Isso tudo nada mais era senão as perturbações naturais impostas ao espírito, tanto durante quanto após a desencarnação, conforme nos explica *O livro dos espíritos*.

– É isso, meu amigo. Lembrando que o nível de perturbação, bem como seu tempo de duração, variam de pessoa para pessoa – lembrou o dirigente.

– Sim. É isso... No meu caso, não sei ao certo há quanto tempo desencarnei. Mas tenho a impressão de ter sido recentemente.

– Sim, foi.

– Ah, a minha família... A esposa doente... Como ficarão?... Ah, meu Deus!

Mais uma vez, o dirigente teve as frases adequadas para confortar o amigo recém-liberto da carne que, enquanto as ouvia, recolhia também as dúlcidas vibrações vindas das preces de todos dali. Ao final de alguns instantes, já mais sereno, ainda que emocionado, passou a se despedir:

– Agora estão dizendo que preciso me recolher. Que devo descansar. Estou mesmo muito cansado.

– Pois então vá, meu amigo.

– Embora ainda esteja assustado, quero agradecer a Deus que me acolheu nesta Casa, a qual me é tão familiar. Obrigado, Pai!... E ajude minha família, Pai, pois eu, por enquanto, não poderei fazê-lo! Proteja minha Elza, que não tem andado bem de saúde!... E proteja também esses meus amigos aqui em volta da mesa, Pai! São irmãos queridos que prosseguem encarnados, trabalhando!

Todos se comoveram. Alguns chegaram às lágrimas.

– Agora me vou. Até uma próxima.

– Até breve, caro companheiro! Estaremos sempre juntos, unidos pelos laços da verdadeira amizade! Agora, descanse!

Foi retirado José Carlos, recolhido ao interior do prédio espiritual.

E eu que, embora até desejasse, não tinha a mínima coragem de perguntar alguma coisa sobre tudo aquilo, comecei a ouvir os esclarecimentos de Hans, o novo amigo, sobre a impressionante cena ali presenciada:

– Como você percebeu, José Carlos era trabalhador dessa nossa Instituição. Chegara aqui logo depois de casado, por conta de dificuldades emocionais, ocasião em que foi bem recebido e amparado. À medida que readquiriu seu equilíbrio, passou a frequentar os estudos, ofereceu-se como voluntário e chegou à mesa mediúnica ao constatarem, nele, mediunidade de serviço a ser educada. E daqui nunca mais saiu nesses quase trinta e cinco anos.

"Há pouco mais de um mês deixou a matéria e, assim que foi desligado do corpo, já sem vida, foi trazido para cá, permanecendo sob o amparo dos servidores daqui. Permaneceu induzido ao sono refazedor até horas atrás, de onde foi retirado para passar pelo libertador contato mediúnico, vindo a despertar, conforme também notou. Como já deve saber, a princípio, as coisas são confusas no momento do desencarne, necessitando, o espírito, de algum tempo para se reconhecer. Com José Carlos não foi diferente, com detalhe dele ter vivenciado essa etapa bem protegido por esta Casa, resguardado aqui em seu interior.

Notando um intervalo na fala de Hans, perguntei, por minha vez:

– Mas se acaso não fosse ele trazido até aqui esta noite, quanto tempo mais permaneceria nesse sono ao qual você se referiu?

– Não muito. Já era tempo de despertar. A questão é que esse despertar seria mais arrastado, pesaroso... Surgiriam dúvidas, receios, medos... Então, nossos diretores, sabedores dos benefícios do contato mediúnico, concluíram que era o momento de nosso José Carlos acordar. Que as coisas deveriam se esclarecer de uma única vez, pois ele já tinha condições para entender toda sua real situação. E assim se deu.

– Entendi. E para onde ele vai, agora?

– Ficará aqui ainda por alguns dias, não sei ao certo quantos. Depois, irá para a algum lugar na Espiritualidade, por certo uma estância de refazimento.

– E posso arriscar que, depois de recuperado e após passar pelo devido preparo, voltará para trabalhar nesta Instituição?
– Pode ser que sim. Isso ocorre. Temos vários casos desse tipo aqui na Casa. Não foi o meu caso, mas é de alguns de meus amigos daqui.
– Certo.
Hans sorriu com o olhar um pouco vago, dando-me a impressão de que pensava em algo para falar. Então, disse:
– Seja de volta a esta Instituição ou em qualquer outro lugar, sem trabalho ele não ficará!
Sorrimos discretamente. Ele arrematou:
– Lembremos o Cristo: "Meu Pai trabalha até agora, e eu também trabalho" (Jo, 5:27).
– Bendito seja o trabalho! – finalizei.

X
Ainda no trabalho mediúnico

A um simples olhar dirigido a mim por Nicácio, percebi que deveria estar atento ao próximo atendimento, o qual se iniciaria em instantes. Aproximei-me, percebendo que o espírito a ser amparado era novamente um homem, com setenta anos presumíveis. Não apresentava sinais de alheamento, mas sim de tristeza. Estava consciente, contudo abatido e algo contrariado. Já ligado ao médium, passou a dizer:

— Pior coisa não poderia ter me acontecido! – exclamava com dificuldade, por conta de visível paralisia em um dos lados da face.

O dirigente do trabalho, com um leve sinal, autorizou outro membro do grupo a conversar com o desencarnado – mais tarde vim a saber que esse rapaz, chamado por seu dirigente para dialogar com o espírito, estagiava nessa função. Assim, sem qualquer demora, o jovem assumiu seu posto, perguntando ao senhor desencarnado:

— O que se passa?

— É muita falta de respeito! Justo comigo, o dono da casa!

— Mas o que aconteceu, meu senhor?

— Eu que já sou velho! Que trabalhei a vida inteira no serviço duro e sustentei todo mundo! Como pode tanta ruindade? E vinda de filho, de filha, da esposa, da comadre, do afilhado? Uma barbaridade! A gente trabalha a vida inteira, ergue a casa, cria a filharada, respeita a mulher... No fim, fica velho e doente e ainda é despejado do próprio lar! Uma ingratidão!

Suspirou dolorosamente, silenciando em seguida, desanimado. Notando que a indignação inicial havia passado, o jovem dialogador solicitou:

— Mas meu senhor, conte-nos certinho o que aconteceu. Estamos aqui para ajudá-lo. O que se passa?

— Ah, meu filho... Coisa triste, nem queira saber.

— Pois queremos sim! Reparta conosco o que lhe aflige e isso o consolará! Cá estamos para ouvi-lo!

Ele aceitou o convite, tomou fôlego e iniciou seu drama:

— Sou homem muito simples, não tenho estudos, nunca cheguei nem perto de ser doutor. Lidei no pesado desde menino para ajudar minha mãe. Primeiro dando comida para a criação, depois na leiteria e, depois ainda, nos outros serviços do sítio. Ia de cedinho até escurecer. Sempre tive muita saúde e fazia tudo certinho. Casei ainda rapaz – a gente casava mais novo antigamente, né? Então, fiz uma casinha de madeira e continuei morando no sítio. Os filhos foram chegando, foram crescendo, eu trabalhando... A mulher também era de sítio e sabia fazer queijo, vendia frango, fazia doce... E o tempo foi passando.

"Quando os filhos cresceram, uns foram para a cidade, outros ficaram lá comigo. Foram casando e foram chegando os netos. Uns netos foram crescendo na cidade, outros foram crescendo no sítio... Mas domingo a gente se juntava para almoçar e o sítio ficava cheio de gente.

"A vida foi correndo e eu não fui dando mais conta do serviço. Na verdade, já estava era velho mesmo. Então, consegui me aposentar. Comecei a ficar mais fraco, precisava ir para a cidade passar no médico, a pressão era desregulada... Até que um dia, quase na hora do almoço, a cabeça ficou ruim, amorteceu tudo de um lado só e eu não podia falar. Aí acabei dormindo. Não sei por quanto tempo dormi. Mas era um sono gozado, esquisito, cheio de figura. Demorou para eu começar a despertar e, no começo, quando acordei, nem sabia quem eu era! As coisas estavam de um jeito estranho! Eu estava diferente!"

Falava ele, sem saber, das experiências iniciais do desencarne, sempre relacionadas à condição íntima de cada indivíduo. Prosseguiu o dialogador:

– Mas e aí, quando o senhor se reconheceu, quando voltou a si, onde estava?

— Na minha cama. Mas ainda estava doente. E estou até agora. Ainda falo de um jeito esquisito e estou amortecido de um lado.

— Certo. E o que aconteceu?

— Pois veja, depois que eu lembrei quem eu era, vendo-me no meu quarto, tudo certinho, eu percebi, pelas coisas que sentia, que tinha tido um derrame.

— Ah, um derrame?

— É. O que eu não tinha percebido é que já estava *morto* lá em casa!

Sua revelação aparentemente surpreendeu o dialogador, pois este imaginava que o desencarnado ainda se via no corpo físico — o que é comum.

— Então, se lhe for possível, o senhor poderia nos contar como notou já estar "morto"? — pediu-lhe o dialogador.

— Pois bem. Eu estava lá na cama, ainda bem doente, e comecei a ver que ninguém vinha falar comigo. Via que, quando alguma pessoa entrava no quarto, nem me notava. Eu gemia, arriscava dizer alguma coisa, tentava chamar a atenção, mas nada.

"Aí, uma hora entraram no quarto minha senhora e a filha mais velha, foram até o meu lado do guarda-roupas, abriram a porta e ele estava vazio. Minhas roupas não estavam mais lá. E a filha perguntou quando tinham vindo buscar as roupas, e minha mulher respondeu que uns dias antes. Daí elas se aquietaram e começaram a chorar. E eu ali, tentando ser notado. Aí a filha perguntou o que seria colocado naquele espaço vazio do guarda-roupas e minha esposa disse não saber. E saíram do quarto. Mas antes a filha disse: 'ai que saudade do paizinho!' Me deu um jeito ruim, um desespero! Comecei a me mexer até conseguir sair da cama e ir me arrastando até a sala, parando no sofá. Cansado, com dor e sede, fiquei ali. E todo mundo me ignorava, passando de um lado para o outro.

"Fui ficando no sofá, sofrendo uma barbaridade! Chorava sem entender o que estava acontecendo, mas já desconfiado. E ia escutando as prosas do povo lá dentro de casa, um contando alguma passagem sobre a minha vida, outro falando que eu era honesto, um dizendo que eu era teimoso, outro falando que tinha sonhado comigo... Comecei a achar que não me viam porque eu já não estava mais *vivo*, mesmo, mas queria estar errado. Até que disseram que a minha missa de sétimo dia tinha sido muito bonita. Aí eu vi que estava *morto*! Dei uns gritos, chorei desesperado, cheio de medo! Muito nervoso, não sei explicar como, mas fui vendo que a esposa e as filhas foram ficando nervosas, também! Perguntavam como eu deveria estar, onde eu deveria estar, diziam estar com o coração apertado... Então, levaram umas senhoras para fazer oração lá em casa. Depois da oração terminada, uma delas falou para minha esposa que minha alma ainda estava ali, que eu não tinha ido embora. Acho que ela tinha me visto. Foi uma choradeira. Uma das filhas perguntou o que é que deveria ser feito, então, e a mulher rezadeira disse que todos da casa deveriam rezar pedindo para eu sair dali! Tinham que fazer oração para que eu fosse encaminhado! 'Encaminhado para onde se aqui é minha casa?', pensei na hora.

"Pois os filhos obedeceram! Virava e mexia, estavam rezando para eu sair da casa! Para eu *encontrar meu caminho*! Teve uma noite que se juntaram todos os filhos e rezaram para eu sair de lá! A filha mais nova ainda disse: 'pai, se o senhor estiver mesmo aqui, saiba que aqui não é mais seu lugar!" Ah, que tristeza! Que tristeza! Eu chorei doído, aquela noite! Homem de brio que sempre fui, pedi para Deus que me instruísse para onde deveria ir. Se estava realmente atrapalhando na minha própria casa, não era mais benquisto pela esposa e pelos filhos, sairia dali me arrastando, mas só precisava saber para onde!"

Muito emocionado e ainda com dificuldades na fala, que nada mais eram senão uma lembrança penosa do AVC, um pequeno intervalo se impôs. O momento foi respeitado e, dali a pouco, ele retomou:

– Sempre acreditei em Deus e fazia minhas rezas de vez em quando. Mas não frequentava igreja. Então, lembrei de Deus com mais força, pedindo para Ele me acudir. E apareceu o compadre Onofre, que já tinha *morrido* há uns vinte anos. Estava do mesmo jeitão alegre. E começou a conversar comigo. Contou que trabalhava, tinha casa e tudo. E que daqui uns tempos viria buscar a comadre e eles iriam morar juntos de novo, em uma casinha *junto de Deus*! Falou mais um punhado de coisas, até chegar no jeito que a família estava me tratando. Explicou que eles não entendiam a minha necessidade de ficar ali na casa mais um tempinho, depois pediu para que eu não me zangasse com eles. Eu disse que estava muito decepcionado, que eles tinham me entristecido muito. Conversamos mais um tanto e ele me convenceu a chegar até aqui. Ainda estou achando ingratidão o jeito que me trataram, mas já não estou tão revoltado. Conversar com o compadre, e agora com o senhor, foi bom.

– Que bom, meu amigo! A ideia aqui é essa: conversar para diminuir nossos sofrimentos. E, se me permite uma fala, seu compadre está certo. Aqueles que ainda ficam no corpo físico não entendem a dificuldade que a maioria dos desencarnados tem de se desprender dos

laços caseiros logo após o desencarne. Eles julgam que, ao *morrer*, deve o *falecido* partir imediatamente, como se fosse um santo subindo aos Céus.
— É. Parece que é isso.
— Tenho certeza que o senhor, quando ainda estava no corpo de carne, pensava mais ou menos assim, também.
Ele refletiu um pouco e respondeu:
— Olhe, eu nunca gostei muito de falar de morte. Nem pensava no que viria depois dela. Só confiava em Deus mesmo. Mas um "que Deus o tenha" era obrigação dizer quando um conhecido morria.
— Aí está! Ao dizer "que Deus o tenha", estamos torcendo para a pessoa estar ao lado de Deus, em um céu longínquo e beatífico, distante do ambiente em que viveu na Terra. E se percebemos que isso não aconteceu, que a pessoa não foi e continua entre nós, julgamos que algo está muito errado, quando na realidade não está! Se levarmos em conta nossas fragilidades psicológicas, nosso apego exagerado à vida física, nosso *amor-posse* em relação aos familiares, perceberemos ser, essa dificuldade em partir imediatamente para a Espiritualidade, uma consequência! O espírito de André Luiz, um trabalhador de Jesus conhecido por nós, fala-nos que "os que desencarnam em condições de excessivo apego aos que deixaram na Crosta, neles encontrando as mesmas algemas, quase sempre se mantêm ligados à casa, às situações domésticas, aos fluidos vitais da família". Mais à frente, esse benfeitor ainda encerra dizendo que "há desencarnados que se apegam aos ambientes domésticos, à maneira da hera às paredes".[1] Cada caso é um caso, mas não é incomum ao desencarnado voltar ao velho lar, por pouco

---

[1] XAVIER, Francisco Cândido (médium); LUIZ, André (Espírito). **Missionários da Luz**. 11. ed. Rio de Janeiro: FEB, 1978, p. 128.

tempo que seja, até se sentir mais encorajado a seguir viagem. Mas poucos encarnados pensam nessa questão, pois ainda se permitem o engessamento em antigas explicações teológicas fatalistas, que lançam para longe de nós todas as almas logo que deixam o corpo de carne. Sendo assim, perdoe seus familiares! Eles não souberam lidar com essa situação, julgando que o melhor para o senhor fosse seu afastamento, sem qualquer demora, do ninho doméstico, para que seguisse às pressas à Espiritualidade. Lembre-se do Cristo: "Perdoe-os Pai, pois não sabem o que fazem" (Lc, 23:24).

O senhor idoso, em silêncio, derramava algumas lágrimas. Ao final de instantes, nos perguntou:

– Quer dizer que não posso voltar para a minha casa nunca mais?

– Ninguém o proíbe de nada. Tanto seu compadre quanto nós todos desta Casa estamos apenas orientando e devemos informar que sua presença naquele ambiente, neste momento, não é saudável a ninguém. Primeiramente, ao senhor mesmo, que não encontrará lá a boa recuperação, pois não é o lugar ideal para o tratamento que necessita. Segundo, porque não conseguindo melhorar, cada vez mais se fará impaciente e aflito, passando a *pesar* no ambiente doméstico, desestabilizando o emocional dos que lá moram.   Poderá, sim, visitar sua casa e ainda ajudar sua amada família, mas quando estiver recuperado, bem adaptado à sua vida nova, já trabalhando para Jesus, dispondo, então, de condições para amparar seu próximo.

– Entendo – falou, com certa tristeza. – Mas e agora, para onde vou?

– Por ora, ficará aqui nesta Instituição onde estamos todos. Este local tem totais condições de auxiliá-lo nesse

momento. Confie nele, confie naqueles que aqui labutam, confie sobretudo em Deus, nosso Pai!
– Pois está certo. Fico por aqui. E que Deus me ajude!
Afastou-se, dando por encerrada sua comunicação.
Em instantes, Hans veio com informações:
– É comum recebermos desencarnados vindos diretamente de seus lares, aos quais se mantinham ainda ligados. Chegam em condições variadas, assim como variado é o tempo de permanência de cada um em suas casas – de alguns dias a vários anos. Há os que chegam imaginando-se ainda encarnados, outros já vêm sabedores da situação real. Uns chegam tristes, outros esperançosos... Alguns raciocinam bem, enquanto outros transitam na incoerência... São tanto idosos quanto jovens, religiosos ou ateus... Enfim, um considerável e diverso quadro de posições de onde pudemos, ao correr do tempo, confirmar algumas causas para esse apego: afeição exagerada ao mundo físico, escravidão a velhos hábitos materiais, amor possessivo sobre pessoas ou sobre a casa, rancor vingativo, fragilidades, conflitos psicológicos e temor do mundo espiritual. Vimos também que, tanto maior foi a permanência do desencarnado em seu antigo lar, quanto maior tinha sido sua vivência em relação a uma das causas citadas acima – isso quando não havia mais de uma delas.
– Entendo. E nos vendo a todos, por ora, frágeis e necessitados – afinal, somos ainda *cegos*, *surdos* e *coxos* –, qual seria a terapia adequada ao homem encarnado para sua *melhora*, para que não se veja retido no próprio lar após seu desencarne? Eu já faço uma ideia de qual seja essa terapia, imagino que você dirá a mesma coisa – falei, sorrindo.

– Com certeza é aquela por você já imaginada: a vivência das lições contidas no Evangelho de Jesus. Seus ensinamentos, orientações e propostas reflexivas são sempre libertadoras, capazes de nos liberar das decrépitas âncoras – algumas bem pesadas, outras nem tanto –, que ainda nos mantêm presos ao *fundo do mar*, impedindo-nos a saudável *navegação espiritual*. Mas isso quando realmente vivenciado esse Evangelho! Quando convertidas suas páginas gloriosas em prática cotidiana!

– Exato. É isso. E quanto aos encarnados que ficam, qual seria o comportamento ideal da parte deles em relação aos que deixaram o corpo? Como devem proceder depois de alguém de casa ter *morrido*?

Hans pensou um pouco antes de responder:

– Independentemente da condição, dos que ficaram, de perceber ou não a presença do familiar desencarnado, o proceder deve ser o mesmo: oração. Mas veja, a oração que peça a Jesus o auxílio para esse familiar, para que, onde quer que ele esteja, receba o alívio do Mestre. Uma oração que se converta para ele em lenitivo, em bálsamo, para que possa se sentir mais animado e receptivo, para assim receber o amparo de benfeitores espirituais que estão sempre dispostos a colaborar nesses processos de readaptação à Espiritualidade.

– Correto, correto.

– Que nunca peçam para o espírito para deixar a casa, isso é muito doloroso para ele, conforme você constatou.

– Sim.

– Que esses familiares, caso venham a saber ou a notar que o ente amado ainda está retido no velho lar, orem, confiem e ajam com serenidade, buscando algum conforto no fato de que ele, o desencarnado, poderia estar em lugar bem pior naquele momento.

– Poxa, não havia pensado nisso!

– Permanecer na antiga residência pode não ser o mais interessante para o espírito liberto da carne, mas, considerando o grande número de irmãos nossos que, ao deixar o físico, partem para os ambientes sombrios da baixa Espiritualidade, agarrar-se por um tempo ao lar terreno é, dos males, o menor.

– Sim! – respondi, sorridente, encantado com a lucidez do raciocínio exposto por Hans.

XI
O velório conturbado

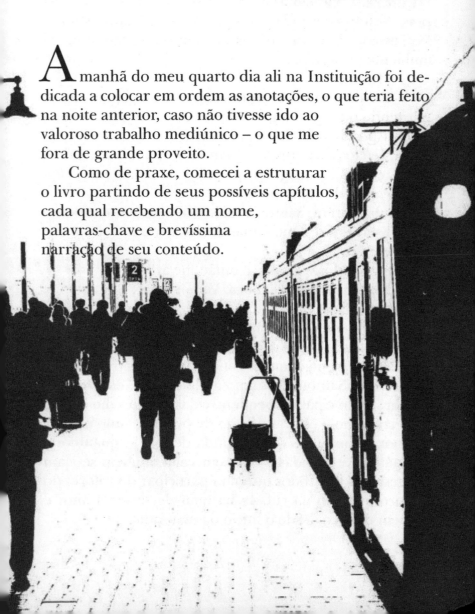

Amanhã do meu quarto dia ali na Instituição foi dedicada a colocar em ordem as anotações, o que teria feito na noite anterior, caso não tivesse ido ao valoroso trabalho mediúnico – o que me fora de grande proveito.

Como de praxe, comecei a estruturar o livro partindo de seus possíveis capítulos, cada qual recebendo um nome, palavras-chave e brevíssima narração de seu conteúdo.

Assim fui fazendo... E as horas correram...

Não fosse a chegada de Santon e Nicácio, eu nem me daria conta de que já era meio-dia.

– Organizando o livro, Lael? – perguntou-me o diretor da Casa.

– Exato, Nicácio. Dando as primeiras pinceladas. Depois de anotar rapidamente as coisas quando estou *in loco*, essa é a hora de ordená-las com calma, sozinho, em ambiente tranquilo...

– Muito bem!

– E é para mim tão prazerosa, essa etapa, que acabo perdendo o fio do tempo! Lá na minha cidade até coloco o dispositivo de alerta para me avisar o momento de parar, senão passo direto. Quando ouvi vocês batendo à porta, cheguei a imaginar que estavam adiantados, chegando antes do combinado!

Ambos riram. Santon comentou, bem-humorado:

– Está vendo? Quem mandou não trazer o despertador à corda?

Rimos todos. O médico então me avisou:

– Sairemos em meia hora. Vamos a outro município.

– Opa, viajaremos?

– Nem tanto. Esse município é colado aqui à capital.

– Ah, sim. Estarei pronto.

Faltando, então, quinze minutos para as treze horas, parávamos, Santon, Atsune, Zandoná e eu, em frente à Câmara Municipal da pequena cidade. O prédio era de bom tamanho e estava tomado de pessoas, tanto em seu interior – conforme víamos ainda de fora –, quanto em seu pátio. As calçadas e ruas em volta também se viam congestionadas. Todos queriam participar do velório do político, nascido na cidade há mais de sessenta anos e homem público desde o início da maioridade.

Mas as coisas estavam confusas...

Tamanha era a desordem ruidosa que, se eu não soubesse a verdade, dificilmente acreditaria que aquela multidão estava ali para velar um corpo. Para onde quer que se olhasse, viam-se grupos de pessoas em falatório exagerado, abanando-se sofregamente por conta do forte calor. Notei, surpreso, que do outro lado da rua, alguns homens discutiam rudemente, já muito próximos do pugilato, enquanto policiais se aproximavam às pressas – decerto os brigões eram apaixonados por política, uns favoráveis, outros contrários ao político agora *morto*.

Do lado invisível do ambiente, o volume de espíritos não era menor, estando ali representantes de variadas categorias: os que se achavam encarnados, misturando-se aos *vivos*; os vadios, com a malandragem na expressão, atentos, aguardando qualquer ocasião para gerarem prejuízos; alguns dementados, que gritavam de vez em quando, erguendo as mãos para o alto; uns bem sombrios, verdadeiros espectros a flutuar entre o povo; e, é claro, os que estavam ali a serviço do bem e da ordem, buscando, de várias formas, colaborar com o momento. Mas mesmo assim, embora constatasse a presença do Bem através daqueles trabalhadores de Jesus, as minhas impressões sobre todo o cenário eram desconfortáveis.

Caminhando pelo meio de toda aquela balbúrdia, parecia-me que a qualquer momento as coisas fugiriam ao controle e o caos se instalaria... E, à medida que nos aproximávamos do interior do prédio, sentia aumentar em mim essas sensações aflitivas. Eu não estava bem. Percebendo, então, esse meu desajuste instantâneo, Santon interrompeu nossos passos, vindo em meu auxílio:

– Tranquilize-se, Lael! – pediu-me, sereno. – Você está se deixando alcançar por essa atmosfera insalubre, criada e mantida pela multidão. Paire acima dela, eleve-se, traga Jesus à sua mente. Lembre-se de que estamos aqui em nome d'Ele, buscando ajudar no que nos for possível, habilitados, cada qual, para o seu respectivo trabalho. Respire calmamente, estando certo de que nada nos fugirá ao controle enquanto estivermos cumprindo humildemente nossas obrigações – disse isso colocando sua mão direita em meu ombro, como sinal de companheirismo. – Estamos juntos!

Sua vigorosa positividade, aliada à sua fala lógica e confortadora, fizeram-me muito bem. Assim, lutei por meu reequilíbrio e, em instantes, já estava revigorado.

– Melhor? – perguntou-me o querido médico.

– Sim, melhor! Podemos seguir!

– Que bom! – respondeu-me brandamente.

– Desculpe-me! Farei de tudo para que isso não se repita.

– Fará e conseguirá! Basta pensar na lógica da Lei Divina: o Alto não nos dá afazeres que não daríamos conta de executá-los, assim como não nos envia a ambientes que não tenhamos estrutura para suportá-los. Nunca se esqueça disso.

– Sim, entendi. Se estou aqui é porque dou conta.

– Sem dúvida!

– Deixei-me levar pelas dolorosas impressões que recolhi quando chegamos, não me lembrando do conselho de Jordi quanto a vigiar pensamentos e emoções. Aprendi a lição.

Entramos na grande sala, confirmando sua máxima lotação. E, conforme já desconfiava, a conversação descontrolada ali não fugia muito àquela de fora. Ao fundo do salão, em setor pomposo aparentemente dedicado a solenidades, via-se o caixão rodeado por alguns consanguíneos e quase encoberto pelo elevado número de coroas de flores. O povo falante e curioso permanecia sentado nas duzentas poltronas que lhe eram dedicadas, padecendo com o ar abafado, mesmo com todos os possantes ventiladores ligados no máximo.

Do lado espiritual, o público também era diverso conforme o de fora, acrescido de poucos amigos e familiares desencarnados que se mantinham próximos à urna funerária. Impressionava-me ver, ali dentro, o livre trânsito de espíritos menos nobres. Até entendia essa circulação lá fora, ao ar livre, mas já no interior do prédio, não. Onde estariam as defesas daquela Casa de Leis? Não me fiz esperar, perguntando sobre isso a Santon, recolhendo dele a resposta:

– Em prédios públicos onde a oração coletiva e sincera não é prática comum, não se erguem barreiras vibratórias de defesa, permanecendo o lugar aberto à circulação geral de desencarnados. Normalmente, os homens capricham na segurança física dos lugares, recorrendo a cadeados, alarmes, cercas elétricas e câmeras, esquecendo-se, contudo, da segurança invisível.

– Mas no caso daqui, esse trânsito espiritual desregulado não coloca em risco a segurança dos encarnados que vêm legislar a serviço do município, influenciando-os negativamente?

– Veja, estamos falando do ambiente coletivo. Sobre questões individuais, cada um que erga suas *barreiras de defesa*, protegendo-se, então.

– Através da oração, obviamente.

– Oração e vigilância. Mas agora vamos até o desencarnante, deixemos as conversações para mais tarde.

– Pois vamos.

Já ao lado do caixão, vi que o espírito do antigo político não se mantinha deitado junto ao próprio cadáver, estando distante dele uns três metros, embora a ele ligado por um cordão fluídico. Deitado no colo de sua mãezinha desencarnada, debatia-se, perturbado, ainda que rodeado por familiares do passado e amigos que, a meu ver, promoviam-lhe a segurança externa. Dentre esses, um se fazia responsável pelo seu desligamento junto à carcaça agora inerte. Vendo-nos, esse amigo veio até Santon a fim de colocá-lo a par de tudo. Após nos cumprimentar brevemente, foi dizendo:

– Dr. Santon, ele está muito fraco e desorientado, não nos oferecendo qualquer colaboração para o próprio desligamento. Faltando duas horas para ser conduzido ao cemitério, temo que a cota de resíduos que ainda o ligam ao cadáver possa nos criar consideráveis embaraços. Conseguimos algo colaborar na redução desses resíduos nas últimas horas, indo até onde nos foi possível...

– Compreendo.

– Sua mãe vem se esforçando para mantê-lo dormindo, e até tem conseguido algum êxito, mas ainda aí, o pobre não sossega, debatendo-se em pesadelos variados. Além desses pesadelos, também é vítima da *nuvem de poeira mental* aqui gerada pela invigilância dos presentes. Assim, acaba oscilando entre as aflições geradas pelo ambiente desequilibrado, os tormentos oníricos de sua própria criação e as alucinações advindas de comentários ou críticas a ele enviadas pelos presentes. Há pouco, um senhor embriagado veio até a linha permitida ao público, passando a ofendê-lo aos berros, atribuindo a ele tempos de muita penúria, em razão de algumas ações suas quando prefeito. Enquanto era contido e retirado pelos agentes de segurança, o ébrio ainda lhe desejou o inferno eterno como lar, a partir de agora. Nosso desencarnante se sentou no colo da genitora, desvairado, gritando temer o inferno, como se o enxergasse, sugestionado.

– Lamentável! Bem, vamos examiná-lo.

Após o exame silencioso, auxiliado por Atsune e Zandoná, Santon passou a dispersar lentamente os tais resíduos através de passes magnéticos, o que, com o passar do tempo, acabou ocasionando algum bem-estar ao ex-prefeito, acalmando-o um pouco.

Percebendo que as coisas seguiam como o previsto, resolvi me concentrar no público encarnado ali presente, ouvindo-o... E, em poucos minutos, pude constatar sua grande variedade de assuntos, majoritariamente inúteis, quando não levianos e maldosos. Falava-se de questiúnculas do cotidiano, dos defeitos de terceiros, da crise geral prevista no *fim dos tempos*. Falava-se com revolta da violência, da corrupção, do desânimo em relação ao futuro. Nada de proveitoso. Já especificamente sobre o político, contavam pequenas passagens de sua vida, a maioria delas visivelmente exageradas ou desrespeitosas.

Ambiente difícil...

Certamente percebendo essa minha conclusão, um dos espíritos que permaneciam próximos ao ex-prefeito surgiu ao meu lado, dizendo-me:

– Nossos irmãos encarnados colaboram muito pouco nesses momentos. São ainda muito ignorantes ao tratar a *morte*. Quando deveriam estar silenciosos, movimentando pensamentos equilibrados, em preces, estão poluindo a atmosfera do lugar com sua eloquência abundante e estéril. Isso quando não estão falando mal daquele que mais deveriam respeitar naquele instante – o próprio desencarnado.

— Sim. Tenho percebido isso. Assim como tenho notado que, quanto mais concorrido o velório, maior o vozerio.

— Realmente, isso ocorre. À medida que aumenta o número dos presentes, aumenta-lhes a sensação de evento social. Eles afrouxam o respeitoso silêncio mantido no início, deixando-se levar pela empolgação ao reverem os conhecidos que ali encontram. Começam falando de modo contido, mas vão aumentando o volume da voz ao passar dos minutos, transformando o lugar, por fim, em uma verdadeira feira livre.

— É bem isso! Uma pena! Deveria o homem se conscientizar de que uma sala funerária não deve ser ponto de referência à vida social, e sim lugar voltado ao silêncio, ao respeito e à oração.

Voltando novamente a atenção à equipe médica, ouvi Santon informando aos que estavam à volta:

— Agora que os resíduos foram diminuídos sobremodo, os desagradáveis choques que eram por ele enviados ao espírito, através do cordão fluídico, cessarão.

A seguir, depois de concluída e explicada a operação magnética, o esculápio passou a auscultar o agora ex-político, afirmando, ao final de minutos:

— Já podemos desligá-lo definitivamente do velho corpo. Depois disso, aguardaremos ainda um pequeno tempo para levá-lo para a Instituição.

Ao ser cortado o fio prata que ligava o espírito ao cadáver, notei que o desencarnado passou a se contorcer lentamente no colo da mãezinha, como se tentasse despertar de pesado sono. Vi-o abrir os olhos com dificuldade, movimentando a cabeça para os lados, buscando se localizar, o que não lhe foi possível. Passou o olhar pela própria mãe, mas também não a reconheceu. Apresen-

tando considerável fadiga, falou alguma coisa, suspirando, ao final.
– Acalme-se, querido! – pediu-lhe a genitora. – Tudo vai melhorar a partir de agora. Apenas descanse.
Acusando ter reconhecido aquela voz a lhe pedir calma, mesmo com os olhos semicerrados pelo cansaço, o desencarnado passou a inspecionar melhor o rosto daquela mulher, reconhecendo-o depois de algum esforço.
– Mãe? – perguntou surpreso, fracamente.
– Sim, filho, sou eu. Estou aqui para ajudá-lo.
Percebi que mesmo reconhecendo a anciã desencarnada, o homem não concluía definitivamente o que aquilo representava. Sem conseguir raciocinar como de costume – decerto pelo golpe do recente desencarne aliado ao desligamento definitivo ocorrido há pouco –, disse algumas palavras desconexas, suspirando e fechando os olhos, por fim.
– Não pense em nada, filho amado. Só descanse. Estou aqui para velar seu repouso – reforçou a genitora.
Voltando meu olhar, agora, para o cadáver, já sem a presença do espírito que ainda o vitalizava de algum modo até instantes, através do cordão fluídico, vi-o ressequido e minguado – agora realmente *morto*.
Dali a alguns momentos teve, início o cortejo fúnebre a caminho do cemitério. De nossa parte, já não havia mais nada a ser feito. Então, retornamos à Casa Espírita, levando conosco a doce mãezinha, a qual, jubilosa, carregava nos braços aquele que considerava ser seu tesouro maior – o único filho.
E nesse caminho de volta, uma questão surgiu em minha cabeça a respeito daquele atendimento. Era essa questão, a meu ver, importante demais para não ser es-

clarecida, pois certamente seria levantada pelos futuros leitores desta singela obra.

Assim, ao chegarmos à Instituição, perguntei se Santon teria alguns instantes para conversarmos. Dando-me uma resposta positiva, iniciei sem demora:

– Sei que os serviços de seu grupo médico não se dão ao acaso, existindo uma disposição conveniente para que eles ocorram. Ninguém é atendido por sorteio, e sim por merecimento, nunca havendo, aí, qualquer injustiça. Contudo, já imaginando esse possível questionamento por parte do leitor, pediria que você dissesse algo sobre o fato da equipe ter auxiliado há pouco um político – personagem tão criticado pelo povo nesses tempos atuais, alvo de generalizada antipatia e desconfiança por parte dos brasileiros, em razão de toda corrupção que envolve algumas práticas políticas.

– Antes de qualquer coisa, lembremos que Jesus, ao afirmar que "a cada um será dado segundo as suas obras",[2] ensinou-nos que a Lei Universal é justa e infalível, alcançando a todos, não importando a classe social, a profissão, a nacionalidade, dando a cada um exatamente aquilo que lhe é devido. Partindo dessa verdade, não nos cabe qualquer crítica ou julgamento a quem quer que seja, pois serão sempre desnecessários e prejudiciais, cabendo-nos unicamente o esforço constante nos trabalhos que nos digam respeito e a confiança no porvir. Quanto ao caso em tela, como você bem entendeu, não chegamos lá senão através da permissão maior, a qual reconheceu o direito daquele senhor de ser amparado por nossos humildes serviços, solicitando-nos todo o esforço para auxiliá-lo no seu desligamento físico e em sua "reentrada" na Espiritualidade. E assim o fizemos, agradecidos sempre

---

[2] Mt, 16:27.

ao Médico Maior pela oportunidade de servir! Também nunca esqueça que serviços considerados especializados – categoria em que os nossos se enquadram – devem ser concedidos, conforme determina a Lei, aos que se esforçaram nos campos do bem, ainda que não sejam criaturas santificadas. Até porque, se já fossem santificadas, dispensariam nosso concurso, não é?

– Sim, certamente – respondi, sorrindo. – Então, trocando em miúdos, nosso ex-prefeito trazia, em sua contabilidade íntima, o saldo necessário para esse atendimento, o que nos permite concluir ter sido, ele, um bom homem?

– Podemos inferir que seu compromisso reencarnatório como homem público foi executado sem grandes desvios. Tanto que, ao desencarnar, não se lançou aos submundos espirituais – locais de dor e desespero –, tampouco foi assediado durante por entidades sinistras enquanto se desligava do corpo. Ao contrário, teve alguma segurança à sua volta, teve o conforto do colo materno, além de auxílio especializado para se desvencilhar do próprio cadáver.

– Correto.

– Teve a mão de ajuda merecida, o que não quer dizer que desfrutará de plena paz a partir de agora, assim como não desfrutou de plena paz durante o processo desencarnatório, que foi passado entre pesadelos e alucinações, como você mesmo constatou.

– Sim.

– Veja, ele permanecerá nesta Casa, confuso por muitas semanas, carecendo de atendimento específico. Quando entender sua realidade de desencarnado, irá se debater emocionalmente, desejoso por voltar às pressas ao conforto da matéria, o que lhe será naturalmente impossível. Caso teime em buscar a velha vida, passará a correr riscos variados e desnecessários, podendo vir a descambar espiritualmente. Estando, ao fim de tudo, mais conformado, passará essa recente encarnação em exame, arrependendo-se dessa ou daquela ação praticada, desejando repará-las, o que será inviável, ao menos por agora. Isso acabará gerando aflições para ele mesmo...

– Quanta complexidade! E o homem comum, sempre buscando a simplificação de tudo, define os seus semelhantes apenas como *bons* ou *maus* que, depois de *mortos*, ou sobem para o *céu* ou despencam para o *inferno*, quando, na realidade, há uma infinidade de situações entre essas duas pontas!

– Você disse tudo, agora! E ainda aí é bom lembrar mais uma vez: *a cada um será dado segundo suas obras!*

– Perfeito.

XII
Visitando os quartos

Mal acabara de conversar com Santon, ouvindo dele os comentários acerca do atendimento na Câmara Municipal, quando escutei uma voz feminina já conhecida me chamando. Era Liana. Cumprimentamo-nos, alegres, e ela me convidou para acompanhá-la em duas visitas a pacientes ali da Instituição. Aceitei prontamente.

Em instantes, adentrávamos o quarto onde se encontrava, entre outros acamados, o sr. Romeu. Com aparentemente sessenta anos, seu olhar era melancólico e seu semblante evidenciava grande cansaço. Chorou ao ver Liana, informando-a com pesar:

— Ah, minha amiga, eles continuam! Não param!

De minha parte, sabia que o sr. Romeu já se conscientizara de sua situação de desencarnado, pois seu quarto estava na ala daqueles que já sabiam dessa realidade, embora ainda não estivessem em boas condições de saúde. Liana, então, expressando a compaixão que a caracteriza, passou a segurar uma das mãos desse sofrido senhor, falando-lhe com docilidade:

— Eu sinto muito, sr. Romeu! Sei o quão dura é essa situação! Mas, ainda assim, venho pedir que prossiga perseverando, pois vencerá essa etapa!

O pobre homem limpou uma lágrima do rosto, fazendo sinal de positivo com a cabeça, concordando com o que ouvia. A moça continuou:

— E hoje eu também trago novidades! Além dos passes magnéticos, com os quais seguimos confiantes, mais duas atividades nos foram liberadas. Lembra-se que ontem eu disse que solicitaria a Nicácio permissão para conduzi-lo a um dos trabalhos mediúnicos aqui da Casa, explicando-lhe, em seguida, como funcionam esses trabalhos e os benefícios que eles podem lhe proporcionar?

— Sim, lembro-me. Você também me explicou sobre mediunidade e médiuns, o que achei muito interessante.

— Pois é, Nicácio nos deu essa autorização. E já é para hoje!

— Oh, que bom! — exclamou, emocionado.

— Então, como lhe falei, quando estiver lá no trabalho, a certa altura será convidado a contar o que está vivendo. Falará através de um dos médiuns da equipe e recolherá a palavra amiga do dirigente encarnado. Isso tudo lhe fará bem!

– Acredito, minha jovem! Acredito!

– Já a outra atividade é a seguinte: quando chegar a madrugada, uma equipe daqui visitará sua esposa e filhos para conversar com eles, pedindo-lhes para que cessem as lamentações e exigências a seu respeito, explicando-lhes o quanto isso o tem prejudicado. Falarão com carinho e firmeza, apelando ao amor que sentem pelo senhor.

A expressão do homem foi de surpresa, perguntando em seguida:

– Agradeço muito! Mas qual será o efeito disso, se eles estarão dormindo?

– Quem precisa do repouso do sono é o corpo físico, a alma dispensa esse tipo de descanso. Seus familiares serão chamados à conversação espiritual, tendo a atenção estimulada pelos trabalhadores nossos e, então, serão esclarecidos. Em seguida, receberão o auxílio adequado para que fixem a mensagem da maneira mais apropriada a cada um. Assim, ao despertarem no corpo, pela manhã, não se recordarão perfeitamente do que viram e ouviram, tendo cada um a sua leitura para aquilo que julgarão ter sido apenas um sonho. Contudo, a mensagem central da visita permanecerá em seus íntimos, ecoando dia afora.

– Que maravilha! – disse Romeu, deixando-se iluminar por uma réstia de esperança.

Liana sorriu, falando com vigor e brilho sobre Jesus Cristo e seu constante interesse em auxiliar a todos que estejam sofrendo, até vê-los bem e renovados. Encerrou dizendo aquela que, a meu ver, é a mais bela máxima do Nazareno: "Vinde a mim todos os que estais cansados e aflitos e eu vos aliviarei. Tomai sobre vós o meu jugo, e aprendei de mim, que sou manso e humilde de coração, e encontrareis descanso para vossas almas. Porque o meu jugo é suave e o meu fardo é leve".[3]

Por fim, enquanto nos despedíamos, vi surgir no olhar do abatido homem algum ânimo, materializado em nova lágrima cristalina a descer pelo rosto.

Já fora do quarto, soube realmente o que acontecia:

– O sr. Romeu deixou o corpo físico há poucos meses, de modo inesperado para a família. Foi trazido para cá e, desde o início, vem sendo alvo de apelos amargurados da parte da esposa e dos dois filhos, que questionam o porquê de sua partida, julgando-o ingrato, pois além de não estar mais presente, deixou-lhes ainda algumas dívidas e nenhuma reserva de dinheiro. Volta e meia, durante o dia, recordam-se do esposo e pai entre conversações e comentários amargos sobre sua ausência. Amam-no, sem dúvida, mas não respeitam seu delicado momento, atormentando-o. Os filhos, pelas finanças; a esposa, pela solidão. Assim, tentaremos esclarecê-los pessoalmente sobre os prejuízos que têm causado ao ex-chefe da família.

– Certo. Quando e como o sr. Romeu se conscientizou do próprio desencarne?

– Antes da hora ideal. Mas não havia escolha. Tivemos que mostrar a ele a realidade, pois como pensava estar internado em hospital físico, julgava estar enlouquecendo por ouvir, de modo tão nítido e perturbador, as lamúrias dos entes amados.

– Nossa! Se esse esclarecimento precisou ser antecipado, o que não era o ideal, deve ter acarretado a ele algum prejuízo...

A moça pensou um pouco e respondeu:

– Não era o tempo apropriado, mas não esclarecê-lo seria ainda mais prejudicial à sua saúde psicológica. Ele

---
[3] Mt 11:28-30.

precisava saber porque e como se dava aquele bombardeio de apelos desajustados, enviados pela família e colhidos por seu espírito com tanta clareza. Para que isso se desse, conscientizá-lo da morte física era essencial.

– Entendo. E foi você quem conversou com ele?

– Eu estava junto. Nicácio foi o responsável pela conversa.

– E, ao perceber a realidade, como ele se portou?

– Nos primeiros momentos se debateu, mas aos poucos foi se acalmando... na medida do possível, é claro. O problema, como você viu, não é sua readaptação à Espiritualidade, mas sim as crises que ele vivencia quando é alvo dos apelos loucos a ele enviados. Ontem mesmo ele teve quatro crises.

Eu estava surpreso. No meu trabalho de *esclarecedor*, tivera contato com casos onde encarnados criavam algum embaraço ao espírito em recuperação, mas todos longe de chegar a essa gravidade.

Falei sobre isso a Liana, pedindo-lhe, em seguida, algum comentário sobre essa vigorosa descarga mental recolhida com tanta facilidade pelo desencarnado. Ela me atendeu:

– Antes de tudo, Lael, é preciso considerar a força da sintonia entre aqueles que se amam e se detêm nas mesmas faixas de pensamento – esse é o princípio. Essa sintonia é uma ponte que leva, ao desencarnado, os apelos doentios dos que ficaram no corpo, situação que não chega a ser incomum, como você mesmo já presenciou no hospital de sua cidade. E o envio dessas *flechas mentais* se dá pelo fato de o encarnado ainda não saber lidar com a partida de alguém muito querido, fixando neste a sua saudade doentia, irrefletida, filha do egoísmo. No caso do sr. Romão, essa sintonia junto aos familiares é ainda mais forte, pois tanto a esposa quanto os filhos são seus

dependentes psíquicos, carentes de sua vibração e provisão material, o que acaba potencializando, e muito, esses chamados e acusações. A mulher é pessoa frágil, que tinha no marido o pilar para sua saúde emocional. Já os dois rapazes, acomodados e exigentes, agarravam-se ao pai para tudo, sentindo-se, agora, à deriva.
– Que complicado!
– Sim! Daí a razão de Nicácio nos permitir as manobras de logo mais à noite, nas quais estamos muito confiantes.
– Sim, sim...
Enquanto caminhávamos, um intervalo se fez para que eu refletisse acerca dessa dependência nociva da família em relação ao pai. Dos que *ficam* em relação aos que *partem*... "Como não cair nessa armadilha? Como preveni-la?" – indagava intimamente. "E como tratá-la quando já instalada?"
Captando essas minhas interrogações mudas, Liana não tardou em citar um trecho do Evangelho, satisfazendo-me plenamente, pondo um fim em minhas indagações:
– "Buscai primeiramente o Reino de Deus e sua justiça, e tudo mais vos será acrescentado".[4] *
Dali a instantes, adentrávamos em outro quarto, situado em corredor paralelo, destinado aos que estão cientes do próprio desencarne e já desfrutam de boas condições, dispensados de tratamentos mais intensos e delicados.
Após cumprimentar ternamente a todos do ambiente, Liana caminhou para um leito específico, lá ao fundo, onde um senhor descansava, assistido por uma senhora sentada ao lado.

---

[4] Mt 6: 33.

— Lael, esse é nosso amigo Virgílio, recém-chegado à Instituição. E essa é sua irmã, Isaura.

— Prazer em conhecê-los! Como vão? – perguntei, estendendo a mão a um e outro.

Ante a resposta positiva de ambos, Liana retomou a palavra:

— A sra. Isaura retornou à Espiritualidade há mais de uma década. Já é ativa trabalhadora de Jesus em sua cidade. Já o sr. Virgílio abandonou definitivamente o corpo físico há setenta e duas horas, vindo direto para cá.

Surpreendi-me. Observando sua boa aparência, seu semblante calmo, eu lhe daria meses de desencarnado, não três dias.

— Nossa, estou boquiaberto! O senhor me parece estar muito bem! – exclamei, impressionado.

Ele sorriu, agradecendo-me:

— Obrigado, meu rapaz! Suas palavras me animam. Mas reconheço estar ainda distante de uma condição plenamente saudável, embora muito agradecido a Jesus por me sustentar até este momento, e aos irmãos desta Casa por me tratarem tão afetuosamente.

Aí notei que sua fala denunciava algum cansaço, mas coisa pouca.

Então Liana, em volume audível apenas para nós ali em torno do leito, passou a narrar alguns lances da biografia do senhor Virgílio:

— Ele foi médico, Lael. Pediatra, dedicou-se às crianças por mais de cinquenta anos e, até pouco tempo, ainda estava clinicando. Figura querida de sua região, nunca se negou a atender um pequenino, fosse nos postos de saúde, plantões ou no próprio consultório, fazendo-o sempre com muito compromisso e amor. Exemplar pai de família, não só forneceu aos filhos a educação teórica, mas também a moral. Além disso, foi muito atento quanto aos cuidados consigo mesmo, tratando bem tanto da alma quanto do corpo, buscando sempre a moderação, o viver adequado. Ainda quando residente, simpático à cena inesquecível de Jesus recebendo as criancinhas, depois de ordenar aos apóstolos que permitissem a aproximação delas, aprendeu a recorrer a essa imagem para pedir auxílio ao Grande Médico, sobretudo nos casos mais complexos. Quando já estabelecido como médico, e sentindo que algo lhe faltava, fundou uma ONG voltada a acolher e orientar crianças e mães – isso há trinta anos. Não teve oficialmente uma religião, não frequentou santuário algum, mas ainda assim foi *servo bom e fiel*, merecendo agora *passar à direita*.

Desejando encerrar aquela narrativa, que por certo lhe causava algum incômodo, o médico recém-desencarnado interrompeu, bem-humorado:

– Ora mocinha, deixe disso! Nunca fui além de minhas obrigações! Mudemos de assunto! – pediu, sorrindo.

Liana obedeceu. Voltando-se novamente a mim, convidou-me a fazer algumas perguntas ao sr. Virgílio. Com o olhar, busquei dele tal aprovação, recebendo-a com um gesto afirmativo seu. Parti para as questões:

– Tendo se desligado definitivamente do corpo há apenas três dias, ressente-se ainda de algum incômodo relacionado ao físico?

– Bem... Embora já tenha melhorado, ainda sinto alguma fraqueza. E também guardo a impressão de estar no velho corpo, às vezes.

– Entendo.

– Além disso, vivencio outros dois fenômenos: nas últimas semanas de acamado, já quase sem forças, tentei sair do leito, caí e quebrei uma costela. Agora, se respiro um pouco mais fundo, revivo a dor aguda da fratura.

— Olha só!

— Interessante, não?

— Sim. E o segundo fenômeno?

— Quando me recordo mais fortemente da família e da casa, sinto todas as aflições físicas das últimas horas de encarnado. É impressionante e assustador. Então, desligo-me dessa lembrança às pressas e volto à condição atual.

— Interessante!

— Mas Liana já me explicou que isso se dá pelo meu recente desligamento da matéria e que tanto a dor na costela, quanto as aflições da *morte*, obviamente não são dores físicas, mas lembranças, recordações que acabo acionando por descuido.

— São reflexos do velho corpo físico?

— Não, Lael — disse Liana, interferindo na conversa. — Veja, a palavra *reflexo* implicaria em alguma ligação entre o sr. Virgílio e o corpo de carne, o que absolutamente não existe. Desse modo, as sensações a que ele se reportou há pouco nada mais são do que lembranças que, ao serem ativadas, apresentam-se com muito vigor, fazendo-se sentir.

— Ah, agora entendi perfeitamente. E temos, na vida física, o exemplo do que você me explica aqui: quantas vezes o homem, ao se recordar de algo que muito o emocionou, sente outra vez na *carne* as sensações vividas naquele primeiro momento? Não é mesmo?

— Isso mesmo, perfeitamente — confirmou, a moça. — No caso do nosso Virgílio, suas sensações desagradáveis diminuirão gradativamente ao correr dos dias, à medida que ele se readapte à Espiritualidade, até não serem mais sentidas.

— Sim, sim... E, falando em *sentidas*, como estão os cinco sentidos? Seguem como de costume? – dei sequência às perguntas, dirigindo-me de novo ao antigo médico.

— Sim. Todos em ordem. Até ontem, a visão estava um pouco embaçada, mas agora está perfeita. Quando acordei aqui pela primeira vez, a audição estava desregulada, permanecendo assim por muitas horas. Eu ouvia as pessoas como se elas estivessem distantes. Mas aos poucos ela se normalizou. Enfim, tudo tranquilo.

— Já se alimentou?

— Sim, ontem. Deram-me sopa.

— Estava com fome antes de receber esse prato?

— Não. O que sentia não era bem fome... Sentia o estômago vazio, receptivo a algum alimento.

— Certo. E sede?

— Antes de receber esse líquido, sentia sua necessidade, sim, embora essa sua falta não fosse torturante.

— Está certo.

Não formulei mais questão alguma; afinal, embora sua aparência fosse boa, o sr. Virgílio precisava seguir descansando.

— Pois bem! – interferiu Liana. – Agora deixemos nosso médico descansar, Lael, sob os cuidados da irmãzinha querida!

Virgílio buscou a senhora Isaura com os olhos, afirmando-nos, sensibilizado:

— Ela sempre foi muito mais que uma irmã para mim!

Diante da beleza do momento, Liana soube encerrar brilhantemente esse nosso encontro:

— É, meu caro Virgílio: há irmãs que são mães!

XIII
O salão funerário vazio

Após me despedir de Liana, imaginava estar ali encerrado meu quarto dia. A noite caía e minha ideia era assistir a alguma palestra oferecida pela Instituição, já que elas ocorrem todas as noites, no salão maior, às vinte horas.

Mas novamente fui acionado por Santon:
– Lael, lembra-se da sra. Celina, que visitamos no primeiro dia?
– Sim, lembro-me.

– Vamos visitá-la? Seu óbito acabou de ser confirmado pelos familiares. Ela ainda está em casa.

– Vamos! – respondi com interesse.

Em pouco tempo, chegávamos novamente ao portão da residência, onde, agora, muitos espíritos, todos pacíficos, permaneciam em oração. Uns eram amigos, outros, beneficiados pela desencarnante vida afora. Dentro do lar, a paz prosseguia. Já no quarto, familiares encarnados choravam discretamente, conformados, aguardando pelo carro funerário. Sobre o leito, a senhora Celina pairava um palmo acima do corpo morto, descansando em sono tranquilo. Um técnico de nosso plano colaborava com os desligamentos, enquanto familiares já *deste nosso lado* faziam preces.

Após cumprimentar discretamente a todos, Santon se aproximou do técnico, já seu conhecido, para ouvir suas impressões de momento:

– Segue tudo conforme o esperado, doutor. Nossa amiga dorme sossegada, inconsciente desde as horas finais. Percebo que se desliga do físico com boa desenvoltura, dispensando cuidados extras. Prossigo aqui no passe magnético, colaborando no desatar dos laços e buscando confortá-la no que for possível.

– Isso, Galhardo. Faz muito bem.

– O ambiente também é muito favorável. E mesmo quando estivermos na sala funerária, imagino que assim permanecerá. Não vislumbro graves alterações no correr do velório.

– Também acredito nisso.

– Calculo que, pouco antes do corpo ser conduzido ao crematório, já estará nossa irmã totalmente desligada.

– Que bom!

Calaram-se. E enquanto eu observava respeitosamente aquela senhora se despedir do físico em relativa serenidade, passei a refletir, embalado pelo silêncio do ambiente... Há quem diga que a única coisa que o homem teme mais do que a *morte* é o *morrer*. Tanto tem pavor desse dia que mal pode falar no assunto sem se ver desconfortável. Receia tanto as agruras físicas e espirituais desses seus *últimos metros* que, se pudesse adentraria, o *vale da morte* sem passar pela estrada obrigatória e comumente sombria do *morrer*. Ah, mas concluísse ele que o *morrer mal* está geralmente ligado ao *mal viver*, com certeza exercitaria uma vida mais honesta e fraterna. Aceitasse esse pressentimento e muito se esforçaria na própria melhora, tendo na caridade o combustível para esse esforço. Raciocinasse com lógica e passaria a buscar uma vida balanceada, para que seu *morrer* fosse mais equilibrado, aceitando que se o *morrer* na Terra ainda não é um momento saboroso de ser *vivido*, não cabe a ninguém senão a ele próprio o esforço para diminuir as dores dessa etapa. *Desmaterializasse* sua alma ao correr dos anos e teria a serenidade que lhe cabe proporcionalmente nas horas finais. Ah! Notasse ele a diferença do *morrer* tranquilo, silencioso e suave do homem que enfrentou a si mesmo, tendo sobre si boas vitórias, se comparado ao *morrer* desesperado e dolorido dos que insistiram nos prazeres de uma vida apegada à matéria e da sensualidade e, certamente, iniciaria ainda hoje uma nova marcha, concluindo, por fim, que se a *morte* é inevitável, o seu *morrer* é optativo.

Quando terminei, tanto o médico quanto o técnico me encaravam. Envergonhado, perguntei:

– Nossa, falei alguma coisa? Se falei, perdoem-me... Acho que pensei alto.

– Não se preocupe, Lael. Seus pensamentos permaneceram silenciosos – acalmou-me Santon, sorrindo.

Voltando-se outra vez a Galhardo, Santon lhe comunicou:

– Bem, meu amigo, como por aqui tudo corre conforme esperávamos, voltarei com Lael à Casa Espírita. Devemos nos preparar para novos serviços.

– Pois bem, doutor. Amanhã também chegaremos por lá, conduzindo conosco a sra. Celina.

Despedimo-nos. E, enquanto voltávamos à Instituição, vieram-me à mente algumas questões sobre a prática crematória... Não seria ela mais perturbadora ao espírito se comparada ao tradicional enterro? Seu perispírito não acabaria sentindo os efeitos do fogo voraz a consumir o cadáver? Sem demora, o médico passou a me responder:

– Primeiramente, Lael, lembremos não haver só essas duas formas de se desfazer do corpo já sem vida, embora sejam essas as mais comuns. As diferentes culturas pelo mundo, ao correr da história, mostram-nos muitos tipos de cerimônias fúnebres, algumas praticadas até hoje. Povos que deixavam os cadáveres no alto de torres para que fossem devorados por abutres; outros que retiravam todos os órgãos do cadáver para então embalsamá-lo; alguns que amarravam o corpo em pequena jangada, soltando-o mar adentro; ou ainda os que depositavam o corpo no fundo de cavernas, como nos tempos de Jesus. Enfim, uma grande variedade de situações. Contudo, independentemente do tratamento final dado ao corpo inerte, o que definirá realmente o bem ou mal-estar vivido pelo espírito nesse instante, como consequência desse tratamento, é o nível de aderência de seu perispírito em relação à velha carcaça. As sensações dolorosas que a alma possa sentir nesse momento estão diretamente ligadas aos *pontos de contato* existentes entre o perispírito e o corpo morto. E o volume e a intensidade desses *pontos* estarão, da mesma maneira, relacionados ao estado moral da criatura.

– Entendi. Quanto maiores os vícios morais, mais fortes esses *pontos de ligação*; por consequência, maiores as dificuldades de se desligar do cadáver.

– Isso mesmo. Daí dizermos que, a princípio, o que define as sensações sentidas pelo desencarnado não é o fim dado ao corpo morto, mas sim o que fez ele de si mesmo quando em *vida*.

– Sim, correto.

– Veja, existindo algum mérito, o qual se define pela sua conduta moral, o desencarnado receberá todo o auxílio que merece, chegando a ser totalmente desligado antes do cadáver ser consumido pelo fogo ou ser baixado à cova, no túmulo da família, a fim de não vivenciar nenhum fenômeno torturante que não lhe caiba na contabilidade.

– Exato.

– Mas, ainda aí, é bom lembrar: cada caso apresentará suas particularidades. Haverá algum que nos exigirá um pouco mais, pois, embora o desencarnado já seja merecedor desse amparo, seus *pontos de ligação* estarão algo fortalecidos, a nos pedir maior esforço. Já em outro, uma assistência simples será suficiente. O próximo, só um acompanhamento. Já o seguinte, apenas para ilustrarmos, nada nos seria possível fazer, ao menos não naquele momento, isso por causa de suas fortíssimas ligações junto ao cadáver.

– Certo. Então, seu eu entendi bem, a força desses *pontos de contato* gradua-se a perder de vista, variando de pessoa a pessoa... E, nessa graduação, a partir de certa altura, já não é mais possível auxiliar nesse desligamento. Abaixo dessa altura, isso já vai se tornando viável. É isso?

– Sim. Quanto menor a aderência, maior a facilidade.

– Daí alguns, pela força da ligação junto ao corpo morto, acabarem sentindo o ardor do fogo a consumi-lo durante a cremação.

– Isso. Assim como o que foi enterrado, estando essas ligações demasiado fortes, pode sentir todos os fenômenos da decomposição, com seus odores característicos, bem como o ataque dos vermes na escuridão do solo.

– Permanecendo ali o tempo que lhe cabe.

– Correto.

A partir daí, seguimos silenciosos e, ao chegarmos à Instituição, Santon foi à procura de Nicácio, enquanto eu fui para meu quarto escrever um pouco. Havia muito a ser escrito – o dia havia sido muito proveitoso. Provavelmente adentraria a madrugada nessa atividade, caso não tivesse sido chamado por Atsune, já próximo da meia-noite:

– Lael, estou indo colaborar em um desligamento aqui perto. Quer me acompanhar?

– Sim, com prazer! Estou aqui para isso! Onde estão os demais da equipe?

– Vamos só nós dois. A situação não é complicada, é apenas um acompanhamento. E já há um técnico por lá. Além disso, o que veremos será algo novo para você.

– Como assim?

– Aguarde.

Ao chegarmos ao salão funerário, dois fatos me chamaram a atenção: as portas do cômodo estavam trancadas e, do lado de dentro, não havia encarnado algum.

Do lado espiritual, uma dezena de familiares e amigos, além do técnico.

– Pelo que vejo, o corpo acabou de ser trazido? Nem os familiares chegaram ainda... – comentei.

– O corpo já está aqui desde a manhã – respondeu-me Atsune, dirigindo-se ao técnico.

Entendendo não ser o momento para novas perguntas, aguardei, curioso. A médica passou a conversar com o responsável por colaborar com aquele desprendimento, recolhendo dele as informações necessárias.

Enquanto falavam, médica e técnico, não pude deixar de observar a serenidade no recinto, o que provavelmente ajudava no desprendimento do desencarnado em relação ao velho corpo.

Como tudo seguia bem, após breves minutos, Atsune se voltou a mim:

– Você não está entendendo bem o que está se passando aqui, não é?

– É, não estou. Como você bem previu, essa situação é nova.

– Você estranha a falta de encarnados?

– Sim. É muito insólito isso aqui. Um corpo ficar trancafiado em uma sala, sem ninguém para velá-lo. Sei de velórios que permanecem praticamente vazios, mas, ainda assim, estão abertos ao público. Então, cheguei a cogitar sobre o cadáver conter alguma doença transmissível ou, quem sabe, algum perigo radioativo... Mas imediatamente repeli essa possibilidade, pois se fosse isso, o corpo não estaria aqui, nem estaria em um caixão comum. Também imaginei ser, esse espírito, alguém malquisto pela sociedade, um criminoso, por exemplo, que precisou ser trancado no salão para não ser alvo de algum ataque, conforme conjecturaram os responsáveis pela segurança desse lugar. Mas também descartei essa hipótese, por duas razões: a primeira é, que vendo o desencarnante se desprender do corpo sem dificuldades maiores, penso ser impossível ele ter sido um delinquente conhecido, alguém com muitos crimes nas costas. E, segundo, porque mesmo um criminoso tem quem o ame, sobretudo sua mãe, seus familiares e, provavelmente, ele estaria sendo velado por alguém. Sendo assim, esgotei minhas possibilidades sobre esta sala estar vazia e de portas cerradas. Desisto.

– Pois então, vamos à explicação. Esta sala esteve movimentada por todo o dia. Familiares e amigos, em bom número, estiveram presentes até há pouco, até às vinte e duas horas. Mas tiveram que sair, deixando o ambiente vedado, por causa da violência.

– Violência?

– Sim. Assaltos. Infelizmente, isso tem ocorrido, sobretudo nas grandes cidades: as pessoas que estão em velórios, durante a madrugada, acabam sendo assaltadas.

– Nossa!

– É. Antigamente, os delitos relacionados a óbitos ocorriam quando a família deixava o lar para ir até a missa de sétimo dia do ente querido, tendo, então, sua residência furtada. Hoje, parece que não é mais só isso.

Como Atsune falava sem nenhuma nota de amargura ou recriminação acerca dos que praticam esse ato de violência, silenciei, temendo soltar alguma frase revoltada e leviana. "Não julgueis",[5] foi a única coisa que fiz questão de lembrar em meu íntimo. E a médica continuou a me informar:

---
[5] Mt 7:1.

– O enterro está previsto para as nove da manhã. A sala será reaberta às sete. Então, novamente estarão por aqui familiares e amigos.
– Certo. Daí, o espírito será levado à Instituição que nos acolhe?
– Não. Outra casa já o aguarda.
– Ah, sim.
Não falamos por alguns instantes – o intervalo era necessário para minhas reflexões a respeito do que ouvira ali. E essas minhas reflexões chegaram a uma conclusão que precisava ser exteriorizada. Por isso, retomei:
– Tenho mais uma pergunta a fazer.
– Faça.
– A benefício do espírito que se desliga do corpo, não seria melhor que ele ficasse sozinho, como vemos aqui, acompanhado apenas por outros espíritos? Assim, estaria livre de possíveis influências vindas do descontrole dos encarnados, não é mesmo?
Como Atsune nada respondeu, embora me encarasse parecendo aguardar mais alguma frase minha, perguntei sem rodeios:
– Resumindo, você não considera o velório um mal para aquele que está deixando o corpo?
Então, obtive sua resposta:
– Ok, vamos lá. É indiscutível que, em boa parte dos velórios, a presença dos encarnados acabe por dificultar, em algum nível, o desligamento do espírito do cadáver – você mesmo tem presenciado essa ocorrência. Partindo disso, analisando de modo ligeiro e simplista, poderíamos, sim, concluir que o desencarnado se desprende do cadáver mais facilmente quando não tem, à sua volta, os homens de carne. Contudo, devemos lembrar de que os velórios e os funerais são, em sua essência, atos de

compaixão e simpatia, movimentados pelos que ficam em relação aos que partem. São um sinal de respeito ao desencarnado, provando-nos que todos, instintivamente, cremos na imortalidade do ser; caso contrário, não lhe renderíamos tais homenagens. Representam um *até logo*, emotivo e fraterno.

— Não havia pensado nisso...

— Visto agora dessa outra forma, concluímos que o problema não são os velórios e os funerais, mas a invigilância do encarnado nesses momentos. Seu esquecimento quanto ao silêncio e respeito devidos à ocasião. Reveja ele sua postura, encha-se unicamente de piedade, e estará colaborando com aquele que retorna ao Antigo Lar. Movimente, ali, suas orações sinceras, e estará gerando conforto à pessoa amiga que se liberta.

— Sim, está certo. É isso.

— Pois bem. Voltemos agora à nossa Instituição? Você precisa descansar um pouco, teve um dia bem cheio.

— Cheio e de muito proveito, graças a Deus!

Retornamos.

XIV
A necessidade do perdão

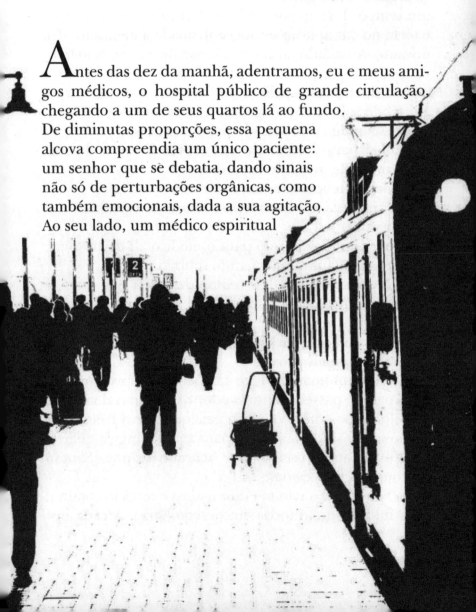

Antes das dez da manhã, adentramos, eu e meus amigos médicos, o hospital público de grande circulação, chegando a um de seus quartos lá ao fundo. De diminutas proporções, essa pequena alcova compreendia um único paciente: um senhor que se debatia, dando sinais não só de perturbações orgânicas, como também emocionais, dada a sua agitação. Ao seu lado, um médico espiritual que, vendo-nos, veio ao nosso encontro. Após os cumprimentos, apresentou-nos o doente sob seus cuidados:

– Esse aqui é o sr. Wanderlei, já próximo dos setenta anos. Há quatro anos foi detectado em seu estômago um adenocarcinoma, obrigando-o a passar por delicada cirurgia e, em seguida, a tratamento quimioterápico por um tempo. E tudo correu bem. Contudo, um ano após o término das aplicações, foi confirmada a metástase. Foi novamente tratado, mas sem sucesso dessa vez. Não houve nenhuma regressão, sequer foi possível estacionar o mal. A doença se espalhou por outras partes do corpo, atingindo sobretudo o fígado e a coluna. Nesse momento, nosso amigo está tomado pelos tumores.

Olhei para Zandoná e ele, captando-me a dúvida, confirmou-me, dizendo baixinho:

– Sim, adenocarcinoma é um tumor maligno.

– E metástase é quando os tumores se espalham?

– Exato.

Voltei minha atenção para o médico ali do hospital, que prosseguia nos informando sobre o doente:

– A questão é que já é tempo dele deixar o corpo e voltar à Espiritualidade, mas ele se nega a isso, lutando com todos os recursos mentais para se manter ligado ao físico. Vejam vocês mesmos... – convidando os doutores à observação mais próxima.

Como automaticamente também me aproximei alguns passos, passei a sentir o odor desagradável lançado ali pelo corpo enfermo, razão pela qual, provavelmente, ele houvesse sido transferido para aquele singelo quarto.

Então, após passá-lo por acurado exame, Santon narrou suas impressões:

– Seus órgãos não toleram mais o exercício comum. Suas funções estão todas em desequilíbrio. A cada instante, rompem-se uma ou outra veia mais frágil, dando ensejo a nova e pequena hemorragia. O desencarne é inevitável e, provavelmente, até já tivesse ocorrido, não fosse o incrível poder de sua mente exigindo a permanência da alma junto ao corpo, obrigando este a prosseguir vivendo, mesmo já estando em frangalhos, em situação penosa e irreversível.

Disse isso e pensou por alguns instantes, informando, por fim, sobre o próximo passo a ser dado:

– Embora já tenham sido movimentados adequadamente os recursos magnéticos, recorreremos a eles mais uma vez, agora em conjunto. Nosso desejo é acalmar esse nosso irmão, induzindo-o ao sono para, então, termos mais liberdade para auxiliá-lo.

Não sopitando a curiosidade, perguntei às pressas:

– *Auxiliá-lo* seria diminuir sua influência na sustentação do próprio organismo já irreparável?

– Sim, para que os órgãos encerrem suas funções em definitivo, obrigando a alma a seguir viagem.

Silenciei, satisfeito com a resposta.

E as manobras foram iniciadas. Porém, à medida que Wanderlei sentia a chegada do sono, repelia-o com desespero, imaginando ser o *sono da morte*. Mexia a cabeça nervosamente, tremia as mãos, pronunciava um nome... E nada de dormir. Várias tentativas de nossa parte, sem qualquer sucesso efetivo.

– É incrível seu poder de reação! – exclamou Zandoná.

– E isso é muito preocupante! – complementou Atsune.

– Que faremos, dr. Santon? – questionou o médico do hospital.

– Esse nosso irmão não deve mais permanecer no corpo. Em algumas horas, a necrose terá início, agindo rapidamente, o que será um espetáculo de horror a essa pobre criatura. E como ele rebate ferozmente nossas tentativas, não nos resta outra solução senão causar algumas hemorragias em seu estômago, através do rompimento de pequenos vasos, acelerando, com isso, a falência total. Assim, será ele praticamente expulso do corpo inerte.

– E quanto tempo até essa falência, Santon? – questionei.

– Por volta de três horas.

Assim foi feito. Agora era aguardar. Como Santon permanecia atento ao paciente, ficando os demais de sobreaviso para qualquer chamado, aproximei-me do médico daquela Casa de Saúde, pedindo-lhe uns instantes de conversação. Fui atendido. Afastamo-nos até a porta e eu iniciei as perguntas:

– Todo esse apego à vida, por parte do sr. Wanderlei, vem unicamente do medo da morte?

– Em pequena parte. Na verdade, o que o perturba é o remorso e o desejo de pedir perdão.

– Remorso? Deixe-me arriscar: a razão desse remorso é essa pessoa cujo nome ele pronuncia, de vez em quando?

– Sim, seu irmão, Alceu.

– Qual seria a história? Se me for permitido conhecê-la, é claro.

– Sem problemas. O sr. Wanderlei era filho de um fazendeiro goiano e Alceu, seu único irmão, cinco anos mais novo. Cresciam sob rígida educação, colaborando nas lidas com o genitor, que embora tivesse amontoado boa riqueza, não alterara seus costumes simples. Quando contavam, os dois irmãos, com vinte e quinze anos, respectivamente, seus pais desencarnaram em um acidente automobilístico, ficando Wanderlei responsável por administrar todo o dinheiro, já que Alceu era menor de idade. Daí não foi difícil para nosso paciente se livrar do mano, visto naquele momento como um rival, um risco. Sob o pretexto de falência próxima, já que o mais novo nada sabia das finanças da família, levou-o para *passar uns tempos* com um tio-avô, no interior, prometendo voltar assim que a situação se estabilizasse. Deixou a esse tio-avô alguma quantia em dinheiro para as despesas com o adolescente e deu meia-volta às pressas. Retornando às suas terras, colocou à venda tudo o que possuíam. Em pouco tempo, já de posse do dinheiro da venda – uma imensa quantia –, partiu do estado de Goiás para sempre, desembarcando aqui na capital, onde, além de trocar de sobrenome, também comprou uma excelente casa e uma fábrica, a qual lhe deu muito lucro por algumas décadas. Casou-se, mas não teve filhos – não queria perder seu tempo de folga educando crianças.

"Os anos voaram, a meia idade surgiu e, com ela, o início do remorso. Depois de combatê-lo por um bom tempo, foi por ele vencido ao completarem-se trinta e cinco anos do abandono do irmão. Perturbado, mas se negando a revelar à esposa a verdade, enviou alguns detetives ao encalço do familiar deixado para trás, mas a única informação que conseguiu foi a de que seu consanguíneo, depois de anos de penúria e solidão, havia ido embora daquele lugar para procurar trabalho. Uns falavam que viera a São Paulo, outros que partira para o Rio de Janeiro, alguns para João Pessoa... Então, foram os investigadores a essas três capitais, e nada. Nenhum sucesso. Procuraram-no por anos, mas Alceu nunca foi encontrado."

– Que situação!

– Pois é. Há algumas semanas, chegamos a aventar a possibilidade de Alceu já estar desencarnado. Aí quem sabe poderíamos trazê-lo até aqui, se estivesse em condições mínimas para isso, a fim de perdoar, em espírito, o único irmão.

– Sim, excelente ideia! Wanderlei, ao dormir, receberia a visita de Alceu. Mas e daí?

– Levamos essa possibilidade ao nosso superior, pedindo a ele que contatasse o departamento apropriado, a fim de levantarmos a situação atual do irmão mais novo. Isso tudo foi feito e, então, foi-nos passada a notícia de que Alceu ainda está encarnado.

– Encarnado! – disse, surpreso. – Bem, mas ainda assim seria possível trazê-lo durante o sono, não é? Conversariam de alma para alma, enquanto seus corpos dormissem.

– Isso poderia ser tentado sim, caso Alceu estivesse em condições.

– Não está?

– Não. Perambulando pelas ruas da capital carioca, infelizmente hoje ele é alcoólatra, morador de rua e doente. Tísico e com o cérebro muito abalado pelo álcool, já pode ser considerado um doente mental, sem qualquer condição de nos ajudar.

– Não me diga! – falei, desapontado.

– Que fazer? Só nos restou seguir trabalhando no que nos cabe, confiando ao futuro o reencontro de ambos, no tempo adequado, conforme determinar o Criador.

– É verdade.

Calei-me para pensar no caso. Dali a pouco, nova pergunta me veio à mente:

– E a esposa de Wanderlei, onde está? E de sua riqueza, o que foi feito? Ele está sozinho em hospital público...
– A esposa desencarnou há dois anos, vitimada por um AVC. E, após se debater por muitos meses em zonas de sofrimento na Espiritualidade, por causa do orgulho e da avareza nutridos em seu íntimo, hoje se encontra recolhida a uma casa de socorro, em colônia aqui próxima à Terra. Naturalmente ainda se vê muito debilitada, sem qualquer condição de apoiar o marido. Já em relação à fortuna, foi se esvaindo durante os caríssimos tratamentos particulares para combater o câncer; no pagamento e despesas com inúmeros detetives por anos a fio; no seu desânimo em seguir à frente da empresa, deixando-a nas mãos de gerentes mal-intencionados; na crise do mercado... Por fim, acabou sozinho e quebrado financeiramente, vindo parar aqui, nesse hospital.

Dito isso, o médico então se afastou e todos permanecemos calados, aguardando que as horas corressem a favor de nosso Wanderlei. E assim ocorreu. A certa altura, o doente passou a expelir pela boca o sangue acumulado no estômago, caminhando para o coma. Nessa hora, surgiu uma enfermeira, atraída pelos sons dolorosos produzidos pelo moribundo. Ao perceber sua situação dramática, pediu auxílio, sendo então amparada por outra colega de profissão, até aparecer algum médico.

Já no âmbito espiritual, enquanto o corpo se encaminhava ligeiramente para o óbito, Wanderlei, em espírito, ainda se debatia e balbuciava, confuso, a caminho da inconsciência, a qual não tardou.

Uma hora a mais e os laços que o prendiam ao agora cadáver passaram a ser desatados com dificuldades. Embora inconsciente, em seu íntimo, o desencarnante vivenciava tétricos pesadelos, habitando agora, exclusivamente, seu inferno interior.

– Seguiremos junto dele ao necrotério e, posteriormente, ao velório. Temos muito trabalho pela frente. Receio que sequer consigamos liberá-lo antes do enterro.

E os trabalhos seguiram. E, como previsto, o tempo entre as paradas no necrotério e no velório não foi suficiente... Wanderlei desceu à cova e foi enterrado ainda jungido à carcaça, necessitando esforços redobrados de toda equipe médica.

Muitas horas depois, quando eu – inexperiente nesses serviços extremos – já admitia a impossibilidade de resgatá-lo naquela jornada, o grupo teve êxito e Wanderlei foi como que içado do fundo da sepultura humilíssima, em estado deplorável, verdadeiro farrapo espiritual.

Também me enganei sobre seu novo paradeiro. Não fora ele conduzido à nossa Instituição, mas a um posto intermediário especializado, situado logo acima do orbe.

Após tudo concluído, ao final de mais de trinta horas, retornamos à organização dirigida por Nicácio. Voltei em total silêncio, não obstante inquieto mentalmente pelo que presenciara no cemitério. Aí Santon, percebendo meu estado particular, veio até mim:

– Diga lá, meu amigo. O que lhe passa à cabeça?

Não perdi tempo:

– Eu me impressionei com tudo o que ocorreu no cemitério. Confesso ter ficado receoso quando aqueles espíritos sombrios ameaçaram nos atacar, desejosos por levarem Wanderlei com eles.

– Eram ameaças que visavam gerar algum temor na equipe médica, o que não ocorreu. Eles próprios sabiam da impossibilidade desse assalto; afinal, o Universo é sustentado pelas Divinas Leis, e um de seus atributos básicos é a ordem. No Reino do Pai, entre o *querer* e o *poder*, pode existir uma grande distância, quando não uma total impossibilidade – disse rindo, sereno.

– Certo, certo.

– Enquanto nos ameaçavam, prosseguimos tranquilos. Como porque passamos por tais situações com regularidade, estamos acostumados a isso. Sabendo eles da nossa união junto ao Médico Maior, arriscaram alguma coisa... Como viram que não conseguiriam nada, partiram, levando consigo suas tristezas, as quais tentam esconder a todo custo.

– Correto. E como havia espíritos ociosos e malandros por lá! Fiquei boquiaberto! Quando encarnado, várias vezes fui a cemitérios sepultar parentes e amigos e nunca imaginei que pudessem estar, por ali, seres daquela estirpe! Como entender essa situação?

– Lembre-se de que se vimos por lá os muito sombrios, os malandros e os loucos, igualmente enxergamos os trabalhadores do Bem executando fielmente suas funções, cada qual na sua devida obrigação. Um deles mesmo permaneceu todo o tempo ao nosso lado, atento ao ambiente em nossa volta.

– Realmente!

– Então, mais uma vez, para resolvermos a questão, recorreremos à lei de *sintonia*, de *afinidade*.

– Sim! Os iguais se atraindo e os opostos se repelindo.

– Isso. Se os espíritos ainda mal intencionados estão por lá em bom número, é porque homens invigilantes desembarcam por lá todos os dias, atraindo-os.

– Perfeito. Compreendi. Mais uma pergunta...

– Vamos a ela.

– Tendo em vista o gravíssimo erro cometido por Wanderlei em relação a Alceu, abandonando-o ainda adolescente, utilizando de todo esforço para dele se desfazer e fugir para longe, passando a viver uma vida de conforto e regalias enquanto o irmão penava, o que justifica vocês o terem auxiliado irrestritamente?
– Eu esperava por essa. O que nos habilitou a auxiliar o Wanderlei foram as muitas e muitas orações intercedendo por ele.
– Orações? De quem?
– De boa parte dos que foram por ele beneficiados.
– Não me diga. E que benefícios foram esses?
– Assim que o remorso pelo irmão bateu forte, Wanderlei sentiu a necessidade de direcionar um pouco de seu dinheiro às causas do bem. Só não sabia por onde começar. Mas Jesus Cristo sabia. Atrás de sua fábrica há uma favela, nessa favela há uma ONG e um de seus diretores resolveu encarar o dono da fábrica – o que ninguém fazia, devido à sua fama de misantropo – para lhe pedir uma ajuda para a festa de Natal das crianças. Wanderlei o atendeu, ajudou a festividade e foi além: passou a doar muitas cestas básicas, todos os meses, para serem entregues aos moradores, exigindo do diretor que tais doações permanecessem no anonimato. E foram muitos anos de doações, interrompidas com a chegada do câncer, com seu afastamento do trabalho e com o declínio financeiro. Penalizado, certo dia, o diretor da ONG revelou quem era o doador das cestas básicas, pedindo para que a comunidade orasse em seu benefício. E os moradores atenderam, nunca deixando de orar pelo doente.
– Poxa! Vemos aí o bem voltando a quem o movimentou inicialmente!

– É, Lael... Não há um só bem praticado que não se levante a nosso favor quando o momento exige.

– Maravilha! Agora uma última questão: naturalmente se essas orações prosseguirem, continuarão a beneficiá-lo agora na Espiritualidade, não é?

– Sem dúvida! Toda oração sincera é um ato de amor puro! Elas chegarão ao nosso recém-desencarnado como uma brisa para seu espírito perturbado, proporcionando-lhe instantes de paz. Serão abraços de esperança colaborando com seu fortalecimento. Serão gotas de alívio para quem tem muito a acertar no futuro.

– E ele tem mesmo muito a acertar!

– Sim. Como qualquer um de nós.

XV
O criminoso

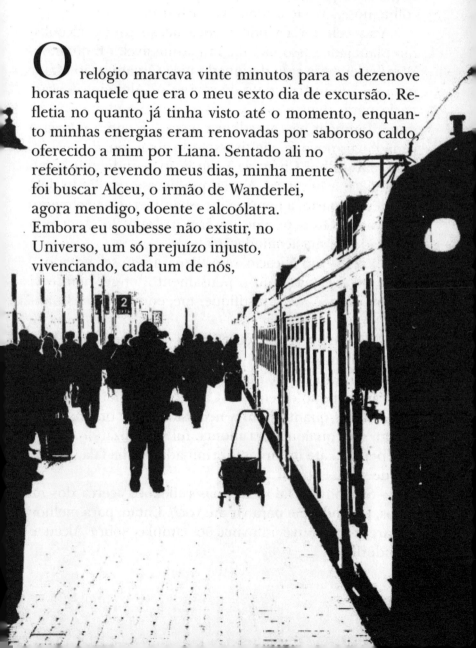

O relógio marcava vinte minutos para as dezenove horas naquele que era o meu sexto dia de excursão. Refletia no quanto já tinha visto até o momento, enquanto minhas energias eram renovadas por saboroso caldo, oferecido a mim por Liana. Sentado ali no refeitório, revendo meus dias, minha mente foi buscar Alceu, o irmão de Wanderlei, agora mendigo, doente e alcoólatra. Embora eu soubesse não existir, no Universo, um só prejuízo injusto, vivenciando, cada um de nós, aquilo que pedimos, precisamos ou merecemos, ainda assim gostaria de ter maiores informações a respeito da programação reencarnatória de Alceu, a fim de separar o que fazia parte dela daquilo que fora de sua única escolha, no exercício de seu livre-arbítrio.

Acaso ele teria vindo à encarnação com o alcoolismo planejado? Isso não me era admissível... E quanto a Wanderlei, teria sido designado pela Organização Maior para ser seu instrumento de correção? Alguém reencarnaria para, dentre outras coisas, ser executor entre os seus? Também não acreditava nisso... E como estaria o irmão mais novo se não tivesse sido abandonado pelo irmão mais velho? Chegaria à condição de indigente como chegou? E a herança? Ainda que tivesse recolhido dela sua devida parte, a penúria lhe estaria irrevogavelmente reservada? Ou a perene miséria material foi apenas o resultado de sua acomodação?

– Lael? – era Nicácio, que chegara sem ser notado.

– Oi!... Estava com o pensamento longe, nem o vi chegar, perdoe-me! – justifiquei-me, enquanto me levantava.

– Não se preocupe, eu notei sua concentração. Quer conversar um pouco?

– Sim! Era tudo o que eu queria!

Parece ter, o diretor da Casa, tanto captado minhas observações quanto minha necessidade de organizá-las. Assim, sem qualquer cerimônia, fui verbalizando tudo o que pensara até instantes. Terminada minha fala, foi sua vez de se fazer ouvir:

– Santon me falou de suas reflexões acerca dos irmãos, pedindo-me para vir até você. Então, para melhor esclarecê-lo, obtive informações amplas sobre Alceu e Wanderlei.

— Pois vamos ouvi-las! — exclamei, ansioso.
— Como já era de se imaginar, ambos são velhos conhecidos. E também desafetos. Na encarnação anterior, Alceu, então dado à agiotagem, ao não receber de Wanderlei o que este lhe devia, tomou-lhe tudo o que tinha, lançando-o à miséria.

Interrompi, quase sem perceber:

— Então, o que ocorreu nessa atual encarnação foi o *olho por olho, dente por dente!* Wanderlei retribuiu o dano!

— Não se precipite. Ninguém reencarna para retribuir o mal recebido. Alceu deveria, nessa vida presente, experimentar aquilo que impusera a várias pessoas: a ruína financeira. Previa-se que ele tomasse posse, ao atingir a maioridade, daquilo que lhe dizia respeito na herança do pai. Que pegaria o seu quinhão e, por ser alma ainda apaixonada pela vida fácil, pouco propensa a esforços enobrecedores, passaria a gozar sofregamente os prazeres do mundo, esgotando sua pequena fortuna em poucos anos, encontrando, ainda relativamente jovem, a miséria material.

— Ah, sim!... Mas Wanderlei acabou antecipando esse processo.

— Exatamente. O Cristo nos afirmou que *o mundo ainda necessita dos escândalos, mas ai do homem que os praticar*. A escassez chegaria a Alceu, mais cedo ou mais tarde, atraída por sua própria invigilância. Contudo, a antipatia do irmão mais velho, aliada à ganância torpe, antecipou esse encontro. O problema é que, ao tomar as rédeas do destino, Wanderlei assumiu a autoria do acontecimento, inscrevendo-se no tribunal dos devedores da própria consciência.

— Sim! Ele movimentou o *escândalo*! E, agora, *ai dele*!
— Correto.

— E quanto ao alcoolismo de Alceu?

— Veja, as pessoas que viveram fortemente um vício em existência passada, comumente trazem essa dependência psíquica para a encarnação atual, passando, então, a sofrer seu assédio a certa altura, cabendo a cada uma a devida resistência para não caír outra vez. E Alceu trouxe essa dependência consigo, já que fora alcoólatra na outra vida. Chamado de novo à revivência do vício, em nada se esforçou para recusar o sinistro convite, permitindo-se arrastar de novo.

— Mas ele teria estrutura para resistir às investidas do álcool?

— Não há arrastamento irresistível. Por mais forte seja a dependência, sempre será possível superá-la. Pode não ser nada fácil, mas será plenamente praticável. Assim, aqueles que recaem o fazem porque ainda se comprazem nesse vício.

— Perfeito. E porque Wanderlei e Alceu nasceram no mesmo lar?

— Assim que Wanderlei desencarnou, doente e falido, passou a perseguir Alceu, tentando destruir-lhe a vida. Quando este também adentrou à Espiritualidade, arrastaram-se juntos por um bom tempo por locais de dor e lágrimas. Recolhidos a certa altura por benfeitores, foram preparados no que era possível e voltaram à carne para que se acertassem, agora na condição de irmãos. Mas, infelizmente, isso não se verificou. Wanderlei foi o primeiro a se negar a executar, a benefício de ambos, aquilo que havia aceitado ainda na Espiritualidade.

— Mas, levando em consideração toda a antipatia entre eles, esse reajuste já seria possível?

– Se não fosse possível, em algum nível qualquer, não teriam nascido embaixo do mesmo teto. Deus não erra. Não erra no tempo, não erra no endereço.

– Certo. Então, para fecharmos o quadro, podemos entender que Alceu fatalmente viveria a pobreza material, tendo o vício do alcoolismo a superar – o que não conseguiu. Já Wanderlei, não precisando ser pedra de tropeço para o irmão, mas sendo, lançou para o futuro pesados acertos com a Vida.

– Com a Vida e com o irmão.

– Minha nossa, como retardamos nossa evolução! – comentei, pesaroso.

– Sim, e retardamos por nos negarmos a amar. Só isso.

Ficamos em silêncio por um pequeno tempo, antes que eu declarasse o assunto encerrado de minha parte. Então, Nicácio, mudando um pouco a entonação da voz, fez-me um convite:

– Há uma antiga trabalhadora aqui da Casa que passou por cirurgia e se recupera no hospital, neste momento. Por força da idade avançada, ela já não é mais ativa nos trabalhos daqui como outrora – o que é natural –, o que não quer dizer que não seja muito querida por todos nós, de ambos os lados da vida. Um pequeno grupo de trabalhadores encarnados sairá daqui para visitá-la em instantes, e eu e Liana iremos acompanhá-los. Gostaria de vir conosco?

– Essa senhora tem seu desencarne previsto para os próximos dias?

– Não. Embora esteja iniciando sua última etapa no corpo físico, ainda tem alguns meses para permanecer na matéria. Algo em torno de um ano.

– Entendo. Vou acompanhá-los, sim, com muito gosto! E não só pelo prazer de suas companhias, mas por imaginar que o senhor não me convidaria para essa visita se não houvesse nela algo que pudesse ser de proveito para meus escritos.
– Ótimo! Sairemos em instantes. Encontramo-nos no salão maior.

Assim, passados dez minutos depois das sete da noite, adentrávamos o quarto da senhora recém-operada.

No ambiente agradável, dois gentis familiares receberam os trabalhadores encarnados com todo carinho, assim como nós, *do lado de cá*, fomos muito bem acolhidos pelo esposo da convalescente. Mesmo acamada e naturalmente abatida, a sra. Juliana não escondia seu contentamento pela visita dos velhos amigos, percebendo-nos também, ainda que de modo vago, através de suas antenas psíquicas.

Depois de conversação rápida e otimista, partimos à leitura de um trecho de *O Evangelho segundo o espiritismo*, coroando o momento com uma oração, conduzida por um dos trabalhadores encarnados. E o quarto foi inundado por vibrações elevadas... A acamada recebeu o passe magnético e todos tivemos o ânimo renovado.

O homem comum não faz ideia do que ocorre em um ambiente onde duas ou mais pessoas oram com sinceridade!

A seguir, despedimo-nos do esposo da sra. Juliana e deixamos o quarto.

Quando então julgava que sairíamos do hospital, Nicácio me informou que ainda tinha algo a observar. Embora curioso, enquanto percorríamos várias alas e corredores, não me atrevi a perguntar para onde estávamos indo. Caminhamos um bom tempo por dentro da Casa de Saúde, chegando a um ponto onde não havia mais quartos, pacientes, nem enfermeiros... Adentrando, por fim, um corredor estreito, paramos em frente a uma pesada porta, onde um espírito nos aguardava. Após nos cumprimentar, atravessamos a tal porta sob sua permissão, dando em uma sala pequena e pouco iluminada, onde a um canto se via uma maca e, sobre ela, o cadáver de um homem ainda jovem, com o corpo crivado de balas. Coberto com um lençol branco da cintura para baixo, seu abdômen, peito e rosto exibiam várias perfurações. Como essa visão me causou um desconforto, antes que este se acentuasse, busquei a Jesus; afinal, ali estava a trabalho. Nesse momento, senti que tanto Nicácio quanto Liana colaboravam comigo de alguma forma, favorecendo-me, em silêncio, na retomada da serenidade. Então, firmei os passos e, junto aos dois, aproximamo-nos da maca, passando a ouvir o trabalhador espiritual que nos conduzia por aquela sala:

– Esse homem chegou há algumas horas, ainda com vida, mas entrou em óbito logo a seguir. Foi baleado em uma emboscada, feita por quadrilha rival. Infelizmente é um criminoso. Traficante há muitos anos, cometeu inúmeros homicídios, a grande maioria deles com bastante crueldade. Daqui a pouco virão buscar seu cadáver.

– Observe-o, Lael – pediu-me, Nicácio.

Então me inclinei um pouco para perceber seu perispírito e o que acabei vendo foi algo assustador... Ele se mantinha totalmente ligado ao corpo e sua forma era aberrante! Escurecido, algo avermelhado em alguns pontos, não apresentava a anatomia habitual, não passando de uma massa disforme, que só depois de boa observação se deixava ver algumas linhas indicando as três partes que compõem o corpo humano – cabeça, tronco e membros. Além disso, parecia gelatinoso e muito mais denso que o comum. Algo deveras triste de se ver! Ampliando ainda minha capacidade de visão, concentrei-me na cabeça, mais especificamente na face, notando-a inchada, enrubescida e com traços de animal selvagem, mais especificamente de um felino...

Ante essa percepção, virei-me às pressas para nosso diretor, suplicando-lhe com os olhos algum esclarecimento, no que fui atendido:

– O perispírito é veículo ultrassensível, dotado de grande plasticidade; por essa razão, sempre expressa, em sua aparência, a vida mental do espírito o qual reveste. O homem, através de seus pensamentos, palavras e ações, está a impressioná-lo todo o tempo, gravando nele sua realidade interior. Alguns escancaram para a sociedade aquilo que são, o que é o caso desse homem, publicamente dedicado ao crime. Outros, ainda que horrendos no íntimo, disfarçam-se publicamente, sempre buscando manter uma aparência falsa. Mas ambos terão, em seus perispíritos, a fotografia fiel de seus campos mentais, com as deformações compatíveis aos seus desvios. No mundo, há pessoas admiradas por sua beleza física, as quais buscam manter a todo custo, mas que, por conta dos vícios morais e da maldade em que se detêm, trazem no veículo perispiritual a forma do monstro. Do lado oposto, há os maltratados da carne, a maioria invisível para a sociedade, que são portadores de grande harmonia no corpo celestial, por suportarem, com resignação e fé, as dificuldades da vida.

– Entendo. É tudo muito lógico. Mas como deve estar esse espírito intimamente?

– Em tormentos terríveis, que nada mais são senão do que o reflexo do seu eu.

– Certo. Percebi também que ele apresenta, no perispírito deformado, os traços de um felino... Qual a razão disso? Acaso o corpo sutil volta à forma animal conforme seu sustentador se degenera? Ou seriam, esses animais, verdadeiros representantes da maldade, imprimindo-se nos que se perdem?
– Nada disso. *Não tornes impuro o que o Senhor purificou!*[6] A questão gira em torno do costume ancestral do homem de se expressar e traduzir as coisas à sua volta se utilizando de símbolos, que nada mais são senão representações concretas daquilo que é puramente abstrato. E, nesse tema, o reino animal sempre foi campo fértil a representações. Há bichos que são sinônimos de doçura, outros de deslealdade, uns de inteligência, outros ainda de violência ou asco. No caso desse irmão, acostumado ele ao uso da força bruta, a ataques ferozes e infalíveis, a uma rotina predatória, via a si mesmo, prazerosamente, como uma fera, um animal selvagem... Seu perispírito lhe acatou a insinuação simbólica.
– Estou realmente surpreso!
Pequena pausa se impôs, natural, antes que eu viesse com nova interrogação:
– E para onde ele será levado? Não creio que viemos buscá-lo... Estou certo?
– Sim. Não viemos para isso, seu destino é outro.
– Saberia me dizer qual?
– Mais uma vez, o perispírito nos servirá de base para entender a situação. Constituído de matéria ainda inclassificável para a ciência humana, tem ele o seu peso específico, o qual é determinado pela conduta moral da criatura que dele se utiliza. Assim, depois do desencarne, cada homem é lançado compulsoriamente ao ambiente

---

[6] Mt, 18:7.

adequado ao seu "peso molecular perispiritual". Quanto mais leve o perispírito, mais agradável será sua morada na Espiritualidade. Ao contrário, quanto mais pesado esse veículo, mais chumbado à Terra ele permanecerá, podendo até ir solo adentro, estacionando em sítio sombrio que lhe seja correspondente.

– Entendi. E presumo estar bem "pesado" o corpo espiritual desse nosso irmão, infelizmente.

Mal terminara de falar e a sala foi invadida por vários espíritos trevosos, que não passavam de sombras esvoaçantes e sinistras a emitir sons guturais. Aparentemente não nos viam ou, se viam, não nos davam nenhuma importância, interessando-se unicamente pelo criminoso ali deitado. Passando a rodeá-lo em movimentos rápidos e extravagantes, visavam – conforme percebi – arrancá-lo do maltratado cadáver.

Assim permaneceram por muitos minutos e, à medida que iam alcançando seu objetivo, passávamos a ouvir os gemidos dolorosos vindos do desencarnado, os quais expressavam o sofrimento atroz que lhe era imposto pelos servos da escuridão, enquanto ia sendo arrancado do corpo.

Atônito, percebendo que Nicácio e Liana se mantinham em oração silenciosa, busquei fazer o mesmo. E, como instintivamente cerrei os olhos para melhor me concentrar, não vi o criminoso ser retirado em definitivo da carcaça, conseguindo ver apenas, e de relance, a tétrica comitiva sumindo da sala, entre sons aterrorizantes e gemidos pungentes.

Quando tudo acabou, não pude conter um longo suspiro, que não era de alívio, mas de lástima... "Por que escolhemos tão mal a direção de nossas vidas?", perguntava a mim mesmo, pensando tanto no criminoso quanto nos infelizes que vieram buscá-lo.

Instantes de silêncio pairaram no pequeno cômodo.

– Pelo que posso imaginar, foi ele levado para o submundo espiritual, não foi? – perguntei a Nicácio, logo após.

– Sim. Foi para o ambiente com o qual se familiarizara nos últimos anos.

– Como assim?

– Bem, desde que optara pelo mundo do crime, ele passou a ser acompanhado por gênios sinistros, que encontraram nele o fantoche ideal para suas ações junto aos encarnados. Então, para melhor instruí-lo e mantê-lo dominado, regularmente levavam-no, durante seu sono físico, até as regiões tétricas, de aflição e flagelo, que comandam até o momento.

– Minha nossa!

– Sim, Lael... Onde quer que depositemos nossa vontade, não nos faltarão criaturas a nos ajudar na concretização desse desiderato, capacitando-nos para o êxito do projeto. E isso vale tanto para o bem quanto para o mal. O problema é que, se o investimento do bem sempre se faz nas bases do amor, visando o crescimento espiritual do pupilo, o do mal se processa visando sua escravidão, no desejo de usá-lo cada vez mais, aprisionando-o, ao final, a fim de sugá-lo até sua completa exaustão.

– E foi o que vimos, aqui, não foi? O desencarnado sendo agora aprisionado...

– Sim, foi isso.

– E por quanto tempo ele deverá permanecer por lá, nesses locais de dor?

– Difícil dizer, exatamente. Mas podemos arriscar que permanecerá no reino das sombras por tempo con-

siderável; afinal, ligou-se a ele plenamente quando *vivo*. Mas um dia será libertado – isso é certo! Quando tiver diminuída a sua carga negativa, seu peso perispiritual... Quando estiver cansado de tanta maldade... Quando o arrependimento e a melancolia forem constantes em sua alma desgastada... Aí, então, ele criará condições para ser resgatado e recolhido a estâncias de refazimento, na Espiritualidade positiva.
– O que ainda está bem longe.
– Sim, bem longe.
Nesse instante, adentraram o cômodo dois funcionários do hospital. Estavam ali para encaminhar o cadáver ao Instituto Médico Legal, considerando que também chegara sem qualquer identificação.
Quanto a nós, saímos da sala mortuária em total silêncio, retornando à Casa dirigida por Nicácio.

XVI
As telas

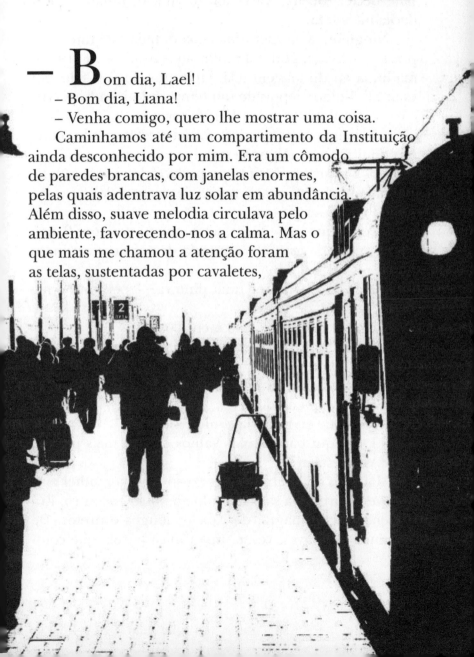

— Bom dia, Lael!
– Bom dia, Liana!
– Venha comigo, quero lhe mostrar uma coisa.
Caminhamos até um compartimento da Instituição ainda desconhecido por mim. Era um cômodo de paredes brancas, com janelas enormes, pelas quais adentrava luz solar em abundância. Além disso, suave melodia circulava pelo ambiente, favorecendo-nos a calma. Mas o que mais me chamou a atenção foram as telas, sustentadas por cavaletes,

por ali espalhadas. Algumas com a pintura já concluída, outras ainda em andamento, mas todas tratando de flores, que variavam no ângulo, na coloração, no tamanho, na espécie... Só não variavam na impressionante qualidade, na beleza.

Ninguém, a não ser uma alma dotada de grande expressão artística, poderia pintar aquelas obras. Entusiasmado, ia eu de tela em tela, emitindo elogios, feliz por estar ali. Então, depois de um tempo admirando as criações, naturalmente quis saber do criador.

— Vejo que esses quadros foram e estão sendo pintados aqui mesmo. Alguns estão bem frescos, vejo as paletas, os resquícios de tinta no pedaço de tecido... Onde estaria o pintor? Gostaria muito de conhecê-lo!

— Precisa ser pintor?

— Penso que sim! Quem, senão um pintor com *P* maiúsculo, poderia assumir a autoria desses quadros incríveis?

— Mas não pode ser uma pintora? — perguntou-me Liana, em tom de gracejo.

— Sim, claro! Que vacilo meu! Poxa!

Minha amiga riu, prazerosa, antes de seguir:

— Pois ela deve estar ali — disse apontando uma estreita passagem na parede, ao fundo, que por certo não passava de pequeno depósito.

— Será que eu poderia conhecê-la?

— Está aqui para isso!... Vamos chegar mais perto... Iara? Você está aí?

Mais três ou quatro passos nossos e uma mulher ainda jovem surgiu da saleta, vindo ao nosso encontro. Era morena, baixa, magra, de cabelos longos e pretos. De movimentos suaves, vestia uma túnica pérola que combinava tanto com a diadema, a lhe cingir a testa, quanto com as sandálias. Não aparentava mais que trinta anos.

Assim que fomos apresentados, não houve outra coisa a dizer de minha parte senão elogiar suas *flores*. Ela agradeceu amavelmente, sem qualquer afetação, mudando o rumo da conversa, dizendo saber do motivo de minha temporada ali no plano físico: recolher experiências para um livro.

– Sim, é basicamente isso – respondi.
– Liana me disse que você poderia se interessar por minha história...
– Liana sabe das coisas. Se ela teve essa impressão, com certeza está certa: sua história será bem-vinda aos nossos escritos.
– Posso ir contando enquanto retoco um dos quadros?
– Não sei o que me dará mais prazer, se será ouvi-la ou vê-la pintar!
– Mas esse Lael é um verdadeiro cavalheiro, Liana! – exclamou, rindo.
– Sim, ele é!

Rimos os três. Em breve tempo, Iara tanto iniciou sua fala quanto sua atividade com o pincel.

– Nasci aqui mesmo nessa cidade, em um de seus bairros mais pobres. Filha única de mãe solteira, nunca conheci meu pai, nem minha mãe teve um marido, permanecendo sozinha por toda a vida. Sem estudos, vinda de longe, ela nunca conseguiu outra colocação a não ser a de faxineira. Foi assim até adoecer, até quanto aguentou. Enquanto ela trabalhava, eu crescia praticamente sozinha, aprendendo a me virar. Sob alguma supervisão de minha madrinha, ajeitava a casa à minha maneira e corria para desenhar! Por mais pobres que fôssemos, minha mãe sempre dava um jeito para comprar um caderno e uma caixa pequena de lápis.

– A pintora dava, aí, suas primeiras pinceladas! – interrompi.

– Não era bem isso. Daqui a pouco você entenderá. Mas, como ia dizendo, eu ia para a escola, varria a casa, comia o que tinha no armário e desenhava. À medida em que fui crescendo, minha mãe passou a me levar com ela para as faxinas. Assim, além de ajudá-la, eu aprendia aquela que possivelmente seria minha profissão. Acompanhei-a por mais de um ano, até ter início uma nova e dolorosa fase de minha vida: a das inflamações pulmonares. Tinha lá meus treze, quatorze anos, e vivia no pronto-socorro ou internada. E minha pobre mãe tendo que trabalhar ainda mais para custear a maioria das medicações.

"Então, uma certa tarde, nós ganhamos uma cesta básica de uma de suas patroas. Como eu estava de cama e sem poder ver televisão, porque a luz estava cortada, para combater o tédio, fui até essa cesta e peguei uma caixa de fósforos e alguns grãos de feijão. Depois, apanhei alguns botões de camisa do baú de costuras, uns pedacinhos de retalho, minha cola e passei a recriar uma sala em miniatura com esses materiais. E acabei adquirindo gosto pela coisa. Fui praticando, fui melhorando essas miniaturas e me tornando especialista em cômodos de casa. Fazia quartos, cozinhas e salas. Quando estava bem, saía a vendê-las pelas ruas. Vendia-as bem baratinho, conseguindo, assim, algumas moedas para comprar pão. E essa se tornou minha rotina. Confeccionar e vender miniaturas, entre uma e outra recaída dos pulmões.

"Dez anos após o início desse meu trabalho como humilde artesã, foi a vez de minha mãe cair de cama. Caiu e não mais se levantou, desencarnando dali a uns meses.

Fiquei definitivamente sozinha, não podendo mais contar nem com seu amor nem com a ajuda material vinda de seu trabalho árduo. A partir daí, fomos só eu e minhas miniaturas contra as adversidades do mundo."

Iara interrompeu sua fala para virar um pouco o cavalete, no intuito de buscar mais luz natural. Ao encontrar a posição desejada, retomou sua história:

– Passados uns cinco anos – os mais duros de minha vida, por sinal –, adoeci de modo mais grave. Muito fraca, sem poder fazer nem vender minhas miniaturas, passei a contar com a caridade alheia, enquanto definhava no fundo da cama. Mãos caridosas, embora muito pobres materialmente, levavam-me a sopa à boca, o que sequer conseguia fazer por mim mesma. Nos meus últimos dias, ainda fui internada em um hospital, mas já não havia mais nada a ser feito. Os pulmões falidos definiam o meu destino: a morte orgânica. E ela chegou sem que eu percebesse, pois já estava inconsciente há dias. Quando retomei alguma consciência, já estava aqui.

Emocionado com a história, senti meus olhos pesarem por conta das lágrimas, surgidas ali contra minha vontade. Liana me entregou um lenço.

Ficamos todos em silêncio por alguns instantes.

– Desculpem-me, eu já estava emocionado desde que aqui cheguei e vi todo esse cenário – revelei.

Ambas me olharam com ternura, sem nada dizer. Eu segui, mudando agora o rumo da conversa:

– Mas me deixe adivinhar, Iara: quando aqui acordou, achou que apenas tinha sido transferida de hospital?

– Sim, exatamente isso.

– E como estava de saúde assim que aqui chegou? E como percebeu sua real situação de desencarnada?

— Acho que Liana pode falar melhor que eu a esse respeito...

A trabalhadora ali da Casa não se fez de desentendida, assumindo a narrativa sem qualquer demora:

— Bem, Lael... Quanto ao desligamento de Iara, ele foi extremamente simples, pois tanto a moléstia de longo curso, quanto sua serenidade diante das dificuldades, facilitaram sobremodo essa separação. Como ela bem disse, dias antes já estava inconsciente, permanecendo assim não só durante o processo desencarnatório, mas também por muitos dias depois de aqui chegar. Quando despertou, estava confusa – o que é comum –, com dificuldades para se lembrar até mesmo do próprio nome. Passada essa curta fase, julgou estar em um hospital material, ficando assim por alguns dias. Poucos até, pois em razão de sua vida simples e cheia de adversidades bem suportadas na carne, aliada ao fato de não ter nenhum familiar físico a quem pudesse se ligar, naturalmente suas condições se faziam muito favoráveis à recepção da verdade. Nada a prendia. E assim aconteceu. Eu mesma tive a boa conversa com ela.

— E como ela recebeu a notícia?

— Muito bem! Emocionada e feliz por confirmar a inexistência da morte e por saber que seus tempos de dor, miséria e solidão haviam ficado no passado.

— Que bacana! – falei, dirigindo um olhar de admiração e respeito à pintora.

— Ela só queria saber da mãezinha – continuou Liana. – Então informei que a genitora ainda se recuperava em clínica próxima à Terra e que muito em breve se reencontrariam. Que tivesse um pouquinho de paciência.

— Que coisa boa essa história... Nossa! Mas... tem algo faltando aí... – pronunciei, com entonação reticente.

– Você quer saber onde estava a *Iara pintora* nisso tudo, não é?
– Exatamente!
– Pois bem. Isso a própria Iara irá lhe contar.
– Pois bem! – retomou a artista. – O que aconteceu, Lael, foi que a pintora não veio para essa encarnação. Ficara em Paris, lá em meados do século dezenove.
– O quê? Como assim? Não estou entendendo...
– Eu explico. Assim que fui esclarecida por Liana sobre minha real situação, fiquei sozinha com minhas reflexões, as quais, embora não fossem nem um pouco penosas, não deixavam de gerar, vez ou outra, um ponto de interrogação. Eu precisava de algumas respostas... Mas, ainda assim, não me dispus a solicitá-las a quem quer que fosse. Então, continuei sendo tratada pelos passes magnéticos até que, um dia, o próprio Nicácio veio aplicá-los. Concentrando-se com mais vigor em determinado ponto do meu cérebro, ao final do procedimento disse que eu receberia algumas visitas no dia seguinte e que as aplicações magnéticas movimentadas naquele dia facilitariam o acesso à minha memória maior – aquela anterior à última encarnação. Disse ainda que esse acesso não seria irrestrito – isso seria impossível à minha condição –, mas se constituiria de lembranças rápidas e algo vagas sobre o que realmente seria importante para quando eu recebesse os visitantes na manhã seguinte. Não entendi perfeitamente o que ele quis dizer, mas aguardei, ansiosa, pelo próximo dia.

Ela se calou, guardando o pincel no seu devido apoio. A partir dali, apenas falaria, concentrando-se exclusivamente no desenrolar dos fatos, deixando a tela para depois. Percebendo isso, fiquei ainda mais animado, pois imaginava ouvir coisas ainda mais interessantes a partir daquele momento. E eu não estava errado.

– Então, Lael, na manhã seguinte, Liana foi me buscar no quarto. Convidou-me para vir até esta sala, que eu ainda não conhecia, pois aqueles que queriam me ver já me aguardavam aqui. Imagine você o meu alvoroço interior naquela hora!

– Posso imaginar!

– Então, assim que aqui chegamos, três rapazes e uma mulher calmamente se aproximaram, sorridentes. Já de frente para mim, um dos moços falou: "Olha o que trouxemos para você", apontando as telas brancas sobre os cavaletes. Eu me emocionei, sem saber a razão, e ele então me sugeriu pintar algumas flores. "Pintar flores?" – pensei naquele instante. Então, vi a mim mesma, através de lembrança fugidia, pintando um quadro, em tempo longínquo... "Sim, eu pinto flores!" – exclamei por fim, comovida!

– Poxa vida!

– Aí percebi ser, o tal rapaz, um velho conhecido, embora não conseguisse situá-lo perfeitamente em minha história, o que ocorreu assim que ele disse quem era àquela época. A mesma coisa aconteceu em relação aos outros dois rapazes e a mulher. Éramos todos muito amigos, devotados à arte, cidadãos franceses... E desse nosso grupo, acabei me tornando a mais célebre, sendo reconhecida por todos como a *pintora das flores* – minha grande paixão!

Eu estava mudo, absorvido pela narrativa. E ela continuou:

– E aí, à medida que ia se tornando conhecida, também ia sendo elogiada... Então, passei a acreditar ser realmente uma artista genial. E fui sendo cada vez mais tomada pela vaidade. Meus quadros tinham seus valores aumentados a cada dia; meus amigos eram substituídos, aos poucos, pelas figuras da elite parisiense; minha rotina passou a ser os charmosos cafés, os concertos, as *vernissages* pela Europa... Enfim, o luxo e as rodas da futilidade humana se tornaram minha vida. Assim vivi por quase dez anos, até ser alcançada pela tuberculose. Embora fosse muito animada, por ser franzina e de saúde débil, não tive a resistência física necessária para vencer a doença, tampouco suportá-la por muito tempo. Minha morte foi dolorosa e triste, em casa humilde de familiares que havia abandonado durante a fama.

Calou-se a pintora e, por muitos segundos, só se ouviu na sala a melodia agravável que, mesmo durante o depoimento da artista, prosseguiu nos embalando, cumprindo seu papel...

Como *esclarecedor*, lá no hospital de onde venho, já tinha ouvido relatos impressionantes – como comentei aqui, outrora –, mas todos ligados unicamente à vida física deixada há pouco pelo paciente, nenhum deles voltando à encarnação ainda anterior, o que lhes era naturalmente impossível, por não terem acesso a essas memórias, mas que indiscutivelmente me permitiriam uma visão ampliada acerca da marcha evolutiva de cada um.

Agora, aqui, não – a artista pudera buscar sua encarnação imediatamente anterior à última, a fim de melhor entender seus padecimentos! Como não achar interessantíssimo um caso desses? E como não acabar formulando um monte de questões, visando esmiuçá-lo?

Assim, embora ainda estivesse calado, mentalmente eu era todo agitação. E essa excitação foi percebida por Liana...

– Diga, Lael, qual é a primeira questão?

Não hesitei em verbalizá-la:

— Por que nem todos, ao desencarnarem, recebem o auxílio para acionar essas lembranças antigas como ocorreu com Iara?

— Por duas razões: a primeira, pelo merecimento. Nossa amiga suportou bravamente todas as agruras que lhe estavam previstas para a vida física, chegando a superar expectativas. Nunca se revoltou, não pensou em fugir pelas portas do suicídio, tampouco se interessou por procurar culpados de seus sofrimentos. Aceitou, conformada, todo o amargor que a vida lhe apresentou. Com isso, elevou-se, fazendo-se digna desse mimo da Espiritualidade. Já a segunda razão, é que essas recordações anteriores, para a grande maioria das pessoas, mais perturbariam do que ajudariam, deixando-as ainda mais aflitas. E isso se daria porque os homens muito mais repetem velhos defeitos do que se libertam deles, conforme poderiam e deveriam fazer. Dessa forma, tais lembranças reforçariam suas relativas falências, perturbando-lhes mais ainda a readaptação espiritual.

— Sim, entendo. É justo.

— É, na verdade, mais um ato de misericórdia do Pai, pois poucos de nós suportariam as visões do que fomos e fizemos em vidas pretéritas. A próxima pergunta?

— Porque Iara não se recordou de seus dotes de pintora nessa última vida?

— Há situações em que a Providência restringe ou mesmo bloqueia totalmente nossas conquistas intelectuais ou artísticas por algum tempo. Assim é feito, sobretudo, quando elas foram mal utilizadas em vida anterior. E isso se dá para que, impossibilitados de acessar integralmente esses recursos, possamos ter outras experiências durante a nova encarnação, diminuindo os riscos de recaídas.

Iara retornou à conversa:

– Foi o que aconteceu comigo. Na França, ao invés de divinizar minha arte, fiz dela alimento para minha vaidade, envenenando-me. Por essa razão, não pude acessá-la nessa última existência, a meu benefício, pois poderia me complicar novamente.

Liana reassumiu, dizendo:

– Além disso, Lael, essa impossibilidade de acesso aos talentos serve também como acerto de contas com o próprio eu, abalado por arrependimentos e remorsos advindos de sua má utilização.

– Veja só!?! – disse, admirado.

– Sim! – seguiu Liana. – Olha, o que vou dizer agora não diz respeito ao caso de nossa Iara, mas o farei para que você tenha uma ideia de onde pode chegar essa restrição: tanto artistas quanto intelectuais que gastaram seus recursos pervertendo os sentimentos humanos, através de suas criações nada dignas, pedem, para a próxima rodada encarnatória, cérebros portadores de graves e dolorosas inibições, para que, durante esse ostracismo intelectual ou artístico, possam eles desenvolver as coisas do coração, progredindo naquilo que seu egoísmo os impedia.

– Perfeito, perfeito!

– Mais alguma pergunta?

– A última: posso saber quem foi você quando viveu em Paris, Iara?

Ela respondeu positivamente, dizendo-me quem foi, mas pediu que tal identidade não fosse citada, caso sua história entrasse nesse livro.

Sem mais, iniciamos então as despedidas e, para minha surpresa e alegria, quando eu e Liana já saíamos da sala, Iara nos alcançou, trazendo às mãos um de seus quadros...
– Esse aqui é para você, Lael!
Emocionei-me de novo.

XVII
Eleonora

Já de volta ao quarto que me fora cedido por alguns dias ali na Instituição, buscava eu o melhor lugar para descansar o belíssimo presente ganhado há pouco. Depois de testar algumas possíveis posições, por fim, optei por deixá-lo em pé na escrivaninha, apoiado na parede, em um ângulo confiável. Mal terminara de ajustá-lo, Nicácio e Santon bateram à porta. Ao entrarem, foi o médico logo dizendo:

– Lael, você tem um trabalho a executar a partir de agora.

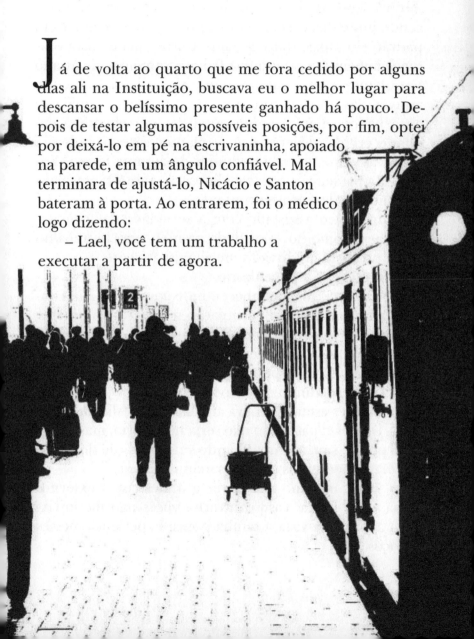

– Pois vamos a ele! De que se trata?

– Uma senhora está iniciando suas últimas horas aqui na Terra, devendo ter seu óbito declarado para daqui a vinte e quatro horas – essa é a previsão. Então, você deverá seguir para lá o mais breve possível, permanecendo junto dela, recorrendo à prece para se manter em padrão vibratório mais elevado. Entre uma e outra oração, também lhe caberá insuflar pensamentos de ânimo e confiança a essa senhora, o que ela acabará acolhendo através das antenas intuitivas. Ainda que os familiares encarnados se apresentem nervosos, percebendo-a em estado crítico, deverá você se manter sereno, pois sua calma igualmente irá ampará-los de alguma forma. Enfim, sua presença e seu trabalho serão importantes para que tudo se desenrole a contento.

Um pouco assustado com a seriedade das orientações, bem como do valor dado ao meu singelo trabalho nesse processo, as dúvidas me vieram à mente:

– Onde está essa senhora?

– Em casa. Ela amanheceu indisposta, mas não contou nada a ninguém. Sua situação se agravará ao correr da tarde, precisando então ser internada. Os médicos tentarão de tudo, mas nenhuma medicação ou manobra produzirá o efeito esperado. Amanhã, a essa hora, ela já estará se despedindo do corpo.

– E vocês estarão lá para auxiliar nos desligamentos?

– De nossa parte isso não seria necessário, mas eu estarei por lá, sim, acompanhando sua libertação do corpo físico. Ao menos nos instantes mais decisivos.

– Bem, imagino não haver grandes riscos externos nessa empreitada; caso contrário, vocês não me enviariam a ela, haja vista a minha pouca experiência nesses serviços...

– Você está certo. Não prevemos nenhum risco para esse caso, mas, ainda assim, eu e Nicácio iremos com você, permanecendo ao seu lado na primeira hora. Além disso, o pai dessa senhora, já desencarnado há bastante tempo, acabou de chegar por lá e também trabalhará ao seu lado.

– Entendi. Tudo bem. Se quiserem partir, estou pronto.

– Então vamos. E lembre-se: a morte é sempre uma doce libertação para aquele que bem honrou seus anos na carne. E esse é o caso dessa senhora.

– Vou me lembrar disso.

Saímos dali e passamos a percorrer a capital, pois, conforme me informara Nicácio, a residência da senhora ficava do outro lado da cidade, dezenas de quilômetros da Instituição.

Em certo trecho mais avançado, passei a reconhecer as ruas e os lugares...

– Estamos no bairro dos meus pais – comentei.

Há alguns anos, meus pais haviam se mudado para um apartamento pequeno, pois nossa antiga casa se tornara muito espaçosa e cheia de recordações dolorosas em razão de meu desencarne. Eu já tinha vindo visitá-los algumas vezes, a última há mais ou menos um ano, por isso o reconhecimento do local.

Seguíamos e, cada vez mais, meus olhos se familiarizavam com o ambiente. Quando, então, estacionamos em frente ao pequeno prédio revestido com pastilhas azuis e de venezianas brancas, eu quase tive uma síncope!

Ali, no segundo andar, moravam o senhor João Tadeu e a senhora Eleonora – meu pai e minha mãe.

Aturdido e mudo, fitei Nicácio, esperando dele alguma palavra misericordiosa, recolhendo-a imediatamente:

– Filho, estamos aqui para colaborar com sua mãezinha. É o tempo dela voltar para o Lar Verdadeiro – disse, colocando as mãos em meus ombros, encarando-me, envolvendo-me com seu olhar de mansidão e firmeza.

Meus olhos se encheram de lágrimas...

– Minha mãe... Minha nossa! Eu sabia que seu retorno não estava distante, só não o imaginava para agora! – disse, lamentoso.

– E entristece você o fato dela estar se libertando da gaiola física?

– Não, não! Longe disso! – falei, tentando me recompor. – É que me assustei. Acho que deixei me tomar pelos pesares da morte como se ainda estivesse encarnado!

– Então acalme-se, filho. E agradeça a Jesus a oportunidade de vir buscar um ente amado!

– Sim...

– Sigamos confiantes! – convidou-me o querido diretor, cheio de benevolência e energia.

– Sim, sigamos!

Então me disse mais algumas belas palavras de ânimo e estímulo, acalmando-me o coração. Ao final, ainda usou uma frase semelhante àquela que me havia sido dita tanto por meu chefe, Jordi, lá na minha cidade, quanto por Santon, no desligamento do ex-político, na Câmara Municipal:

– Se você não tivesse condições, não estaria aqui.

Vindo-me, por consequência, a lembrança de meu superior Jordi, recordei-me de outra frase sua, quando perguntei, ao final daquela nossa conversa, se poderia visitar meus pais ao término da excursão, ao que ele me respondeu, de modo firme e inequívoco: "sim, você irá até seus pais". Ele já sabia!

Nesse momento, outra voz muito querida ao meu coração se fez ouvir:

– Lael, vamos?

Era meu avô Tarciso, figura adorável, que não via há meses, pois não moramos na mesma cidade.

Deixando de lado qualquer ação moderada e discreta, recomendada nos cumprimentos entre cavalheiros, quando vi já estava agarrado a meu avozinho, como se fosse um menino de dez anos.

– Ah, meu neto amado! – dizia enquanto nos abraçávamos. Temos aqui, hoje, uma doce missão! Vamos a ela?

– Vamos sim, vovô! Com as bênçãos de Jesus!

De espírito determinado e seguro, subi ao segundo andar, acompanhado de meu avô, Nicácio e Santon.

Não poderia me imaginar em melhores companhias.

Ao adentrarmos o apartamento, tudo estava como da última vez que ali estivera. O vovô me avisou que meu pai saíra há algumas horas, com destino ao banco e ao supermercado, deixando a esposa ainda dormindo, sem suspeitar de sua situação. Fomos até a alcova do casal e encontramos minha mãe em sofrimento silencioso. Mentalmente assustada, ela buscava orar, pedindo auxílio para o momento. Santon passou a examiná-la e, ao final de alguns minutos, comunicou-nos:

– Realmente, o coração entrou em irreversível decadência. Vamos movimentar recursos magnéticos visando a diminuição de suas dores e mal-estar no que nos for possível. Ela vivencia terrível incômodo na região torácica.

De minha parte, embora confiante, penalizava-me vê-la em sofrimento. Então me aproximei e comecei a afagar sua cabeça, iniciando também as orações.

Assim permanecemos por trinta minutos – eu e meu avô nas preces, Santon e Nicácio nas atividades clínico--espirituais.

Meu pai chegou, foi à cozinha, hidratou-se e veio até o quarto. Percebendo, então, o abatimento de minha mãe, e *captando* a ordem de Santon para que fossem imediatamente a um hospital, chamou seu taxista de confiança e passou a arrumar a companheira. Contudo, por conta do agravamento da moléstia em minha mãe, impossibilitando sua caminhada escada abaixo, o táxi não foi suficiente, sendo necessária uma ambulância. Em uma hora davam entrada no hospital, onde, ao perceber a gravidade do caso, o médico determinou que fosse internada às pressas. Mas seu estado só piorou nas horas seguintes, tanto que, no início da noite, já nem tinha mais consciência.

Vovô não se afastava um só segundo da filha. Quanto a mim, deixava-os por alguns instantes para ficar ao lado de meu pai, que continuava imóvel na sala de espera, a alguns metros da UTI. Embora ele não estivesse sozinho – outros familiares haviam chegado –, percebi que minha presença lhe trazia algum conforto, mesmo não sendo conscientemente notada.

A madrugada chegou, arrastando-se em silêncio...

Como prometido, Santon voltou mais duas vezes, chegando a conversar com o médico espiritual daquela ala em uma delas. Já ao amanhecer, não resistindo meu pai a um cochilo, pude então lhe falar com mais vigor, já que, nesses instantes de torpor físico, a alma se torna melhor ouvinte.

Até ali, havia instantes em que eu temia por ele. Indagava-me como ficaria sozinho, se teria ânimo para bem seguir, se continuaria cuidando de si mesmo em honra à própria encarnação... Porém, ao lhe falar ao espírito durante seu sono rápido, venci esses meus receios, certo de que não viveria ele nenhuma etapa dolorosa que não lhe fosse plenamente possível vencer. Eu mesmo, se necessário, pediria a meu superior algumas horas da semana para ficar ao seu lado, certo de que isso não me seria negado. Continuaríamos juntos, ainda que em variações da vida – ele, minha mãe e eu –, unidos pelo amor que nos liga há muitos séculos. Confiaríamos no Cristo, sempre, esforçando-nos, cada um de nós em seu testemunho, a fim de desfrutarmos, juntos, a ventura que nos aguarda mais à frente. Ao final, dei-lhe um longo abraço e ele, sonolento, sussurrou meu nome sem perceber.

O óbito de minha mãe foi declarado perto das onze da manhã. O velório teve início no meio da tarde.

Como já era de se esperar, ela permaneceu inconsciente todo o tempo, desligando-se aos poucos da máquina orgânica, sem complicações. Durante esse período, o fluxo de familiares e conhecidos foi pequeno e tranquilo, diminuindo ainda mais à medida que as horas avançaram pela madrugada. Liana, essa nova amiga que a vida me dava, havia chegado ao cair da noite, colocando-se à disposição para o que fosse preciso. Lá, a certa altura, meu pai não resistiu ao cansaço e, incentivado por meus primos, foi até a casa de um deles dormir um pouco.

Passados alguns minutos das nove da manhã, teve início um pequeno cerimonial religioso, o qual, por conta das orações coletivas movimentadas, colaborou ainda mais para o desligamento total de minha mãe. Às dez, quando saía o enterro para o cemitério próximo, minha mãezinha dormia, já totalmente livre do velho corpo...

Só então percebi que não sabia para onde ela seria levada. Como meu avô Tarciso, Nicácio, Santon e Liana estavam comigo, indaguei-os a esse respeito e a resposta não poderia ser diferente:

— Ela vai para a nossa Instituição — respondeu-me o diretor.

Então, despedimo-nos de meu avô, que precisava retornar às suas atividades imediatamente, e partimos.

Já de volta à bendita Casa, minha mãe Eleonora, ainda em sono profundo, foi colocada no setor adequado, a fim de descansar o máximo possível. Quanto a mim, continuei incumbido de permanecer junto dela, o que segui fazendo com extrema satisfação e desvelo.

Aquele era meu nono dia de excursão no planeta. Deveria voltar à minha cidade dali a três dias.

Então, horas depois, quando Nicácio veio nos visitar, pedi a ele alguns esclarecimentos:

— O senhor sabe quando minha mãe irá despertar?

— Prevemos que isso ocorra daqui a quarenta e oito horas.

— Então, ainda estarei aqui. Será possivelmente meu penúltimo dia. Como faremos? Deverei estar ao lado dela desde o início desse despertar? Ela deve me ver logo de cara?

— Sim, desde o princípio. Para uma mãe, não há visão melhor do que a de um filho saudável a lhe sorrir!

— Que bom! E ela não se perturbará com a percepção do desencarne?

— Ainda que você não estivesse aqui, a emoção por ela sentida não seria perturbadora. Ela sempre levou uma vida digna, justa... E, após seu acidente automobilístico, Lael, há quase vinte anos, ela se dedicou a uma causa muito nobre, através da religião que abraçou, ajudando na alimentação de crianças carentes. Além disso, seu próprio espírito, sabendo da proximidade de sua volta à Vida Maior, convidou *Eleonora-encarnada* a reflexões sobre a imortalidade do ser, o que ela aceitou, preparando-se inconscientemente para esse retorno. Então, pegue esses bons fatores, some-os à sua presença, e verá que os prognósticos para o despertar de sua mãe são dos melhores.

– Quanta coisa boa o senhor está me dizendo! – afirmei, contente.

E ali fiquei, feliz, velando o sono de minha rainha.

Atsune, Nicácio, Zandoná, Liana e Santon se revezavam nas visitas, sempre estando um ou outro comigo, fosse por alguns minutos, fosse por mais tempo... Em uma dessas visitas do diretor da Casa, já no segundo dia de sono de minha mãe, expressei-lhe o desejo de visitar meu pai.

– Sua vontade é justa, Lael – respondeu-me. – Antes, quero lhe informar que o senhor João Tadeu está sendo atendido por uma de nossas equipes, a qual, dentre outros afazeres, tem por compromisso amparar os encarnados que viram um ente amado retornar à Espiritualidade há pouco.

– Que maravilha, Nicácio! Muito agradeço por isso!

– Quanto a você ir visitá-lo, não vejo qualquer problema. Se quiser, uma de nossas auxiliares pode observar sua mãe para, assim, você ir mais tranquilo.

– Quero, sim!

– Também lhe recomendo convidar Liana para acompanhá-lo.

– Recomendação mais que aceita!

Em menos de meia hora, estava eu de novo em frente ao prédio de pastilhas azuis. Agora, bem mais ajustado que da primeira vez, subi ao segundo andar com passos resolutos, acompanhado de minha amiga. Encontramos meu pai sozinho, sentado no sofá.

Embora sua visão estivesse direcionada ao programa transmitido pela TV, seu olhar era vago, distante das tais imagens. Estava nitidamente triste, vivenciando o luto, mas sem aflições maiores. Liana, então, aplicou-lhe um passe magnético, enquanto eu permaneci em prece. Ao término da operação, vimos ele se levantar e se dirigir à cozinha, iniciando a preparação de um café fresco. Abracei-o, pedindo-lhe confiança na Providência e firmeza ante os dias que viriam... E que também nunca se esquecesse: estaríamos sempre juntos! Ele, então, parou com a atividade, suspirou e pronunciou em tom esperançoso:

– Tomara que Lael tenha vindo buscar Eleonora. Tomara que estejam juntos, meu filho e minha esposa.

Emocionado, não contive o choro, afirmando-lhe que sim, eu tinha vindo buscá-la e estávamos realmente juntos.

Então, foi a vez dele derrubar uma grossa e rápida lágrima.

Ato contínuo, despedi-me, beijando a face do lado direito.

– Estaremos sempre juntos, pai!

Era hora de retornar para minha mãe.

XVIII
Um novo começo

Pouco antes do que se esperava, na manhã da véspera de meu retorno à minha cidade, a sra. Eleonora, minha mãe, despertou. Lentamente, e com aquela confusão comum desses momentos iniciais, foi abrindo os olhos com alguma dificuldade, movendo a cabeça para os lados, balbuciando...

Nicácio e Liana estavam comigo e, atento ao sinal do diretor, comecei a lhe falar, delicadamente:

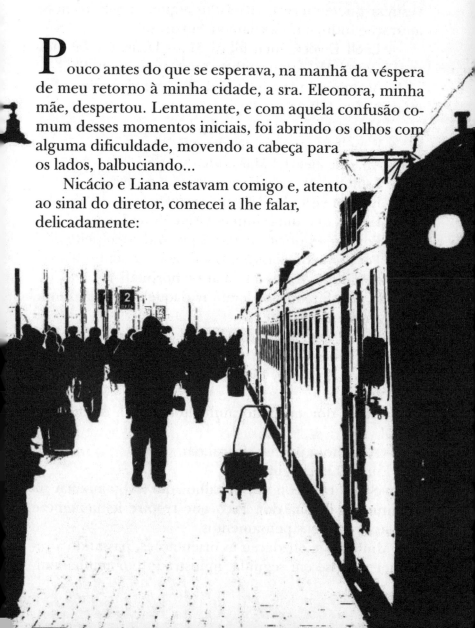

— Mãezinha querida, acorde – dizia, afagando suas mãos. – Desperte... É hora de acordar.

Já de olhos abertos, mas ainda um pouco desorientada, ela não me reconheceu, encarando-me a fim de investigar quem eu seria. Passados alguns segundos nessa apuração íntima, ela exclamou, surpresa:

— Lael! É você, meu filho? Meus Deus, é você mesmo? É você! Ah, como sonhei com esse momento!

— Acalme-se, mamãe! – pedi-lhe, emocionado. – Sou eu, sim! Seu filho!

— Mas estamos em um sonho?

— É melhor que isso, minha mãe!

— Ah, que alegria! Mas onde estamos?

— Estamos em agradável ambiente espiritual.

— Eu vim visitá-lo? Não me recordo...

— É mais que uma simples visita, dona Eleonora.

— Por que estou acamada? E por que meu peito dói?

— Por conta do coração. Lembra-se? A senhora acordou com muitas dores e foi para o hospital?

Ela se esforçou por lembrar daquela manhã, tendo êxito após uns instantes...

— Meu Deus, as dores! O que aconteceu depois? Eu desmaiei e fui trazida para esse hospital?

— Não. Primeiro, foi para outro, chegando aqui só mais tarde.

— Ai, a dor no peito aumentou... Está doendo de novo!

— A senhora precisa se acalmar.

Então, Liana agiu:

— Senhora Eleonora, trabalho aqui e vou auxiliar na diminuição de sua dor. Peço que respire lentamente e que asserene seus pensamentos.

Minha mãe obedeceu às orientações, passando a recolher o passe em seguida, ministrado por minha amiga. Ao término do procedimento, não mais sentindo as sensações penosas, minha mãe agradeceu, voltando-se novamente a mim:

– Você disse que primeiro fui para outro hospital, chegando aqui posteriormente. Então, aqui é também hospital?

– É mais que isso.

– Mas, então... Isso está muito confuso! Posso tocá-lo *fisicamente*, mas aqui é ambiente espiritual. Eu ainda tenho alguma dor e não estou sonhando. E seu pai, onde estaria? Como organizar adequadamente todas essas coisas? Ajude-me a entender!

O momento era chegado. Busquei inspiração no Irmão Maior e comecei a *puxar o véu* que ainda cobria seu entendimento:

– Mãe adorada, ouça-me com atenção: quando Deus nos cria, o faz para sempre, presenteando-nos com a imortalidade! Saímos de Suas mãos tendo, à frente, um longo caminho a percorrer, começando, então, essa nossa marcha da estaca zero, em total simplicidade e ignorância.

"Ainda que perfectíveis, carecemos de ambiente adequado às nossas necessidades iniciais de aprendizado e evolução. Por conta disso, o Pai nos oferece seus planetas, espalhados, Universo afora, para que sejam nossas oficinas, nas quais trabalharemos para crescimento tanto nosso, quanto daqueles aos quais vamos nos ligando por amor. E, como todos nós, em essência, somos criaturas espirituais, há a necessidade de usarmos a vestimenta compatível ao planeta que iremos habitar. Essa vestimenta é o corpo de carne, mamãe. Máquina bendita cedida a nós pela Misericórdia Divina, para bem nos movimentarmos no mundo. Veja, é bendita, mas é máquina, sendo por isso destrutível, tendo em si um prazo de validade. Logo, atingida essa validade, o próprio planeta se encarrega de recolhê-la, enquanto o ser volta ao lugar que lhe é merecido na Espiritualidade, prosseguindo sua marcha, agora no Invisível."

Disse e aguardei. E um silêncio carregado de expectação se fez, enquanto Eleonora buscava entender adequadamente o que ouvira. Depois de segundos infindos, ela me perguntou de modo vago e arrastado:

– Pelo que entendi... eu estou morta? Por acaso... seria isso?

– Não, a senhora não morreu. Seu corpo material, sim. Já a senhora segue sua vida espiritual, mais livre do que nunca.

– Meu Deus! É isso, então?

Continuei a esclarecê-la no que fosse realmente interessante à sua condição, percebendo-a cada vez menos assustada ante a verdade, adaptando-se em bom ritmo à sua realidade atual. Como era de se esperar, perguntou como ficaria seu marido e eu lhe disse que Jesus estaria a observá-lo e que, mais especificamente, uma equipe ali da Instituição, além de mim em alguns momentos, estaria junto a ele. Tudo ficaria bem! Ao final, após se calar para melhor absorver o que lhe fora explicado, revelou-nos estar cansada e sonolenta, recebendo de Liana a orientação para não resistir ao sono. Dormiu.

Afastando-me um pouco, mais uma vez recorri ao incansável diretor da Casa, fazendo-lhe perguntas, pedindo-lhe orientações:

– Depois daqui, o senhor saberia me dizer para onde seguirá minha mãe? Até onde sei, ela também é de minha cidade... Então, poderia rumar diretamente para lá?

– Sim. Ela voltará à sua cidade espiritual.

— Certo. Devo me reapresentar a Jordi amanhã, até o fim do dia. Será que mamãe já estaria em condições de partir comigo?

— Ainda não, Lael. Embora sua recuperação esteja correndo às mil maravilhas, não seria saudável que ela deixasse este lugar antes de uma semana.

— Entendo. Então, deverei seguir amanhã, sozinho, voltando para buscá-la na data apropriada. Se isso me for permitido, é claro.

— Se precisa ir, vá tranquilo, meu filho. A sra. Eleonora permanecerá amparada por todos nós.

— Quanto a isso não tenho dúvida! Sigo sem qualquer receio. Mais do que isso, chego a me empolgar, pois voltarei a vê-los em alguns dias.

Nicácio analisou, bem-humorado:

— Está vendo como tudo tem seu lado positivo?

Na manhã seguinte, minha mãe despertou ainda melhor. Portava algum cansaço e resquícios da dor torácica, mas estava plenamente lúcida e emocionalmente bem. Só não era totalmente feliz devido a momentos de preocupação em relação a meu pai.

Como eu já havia organizado minhas coisas enquanto ela dormia, só me restava comunicá-la sobre minha partida, dizendo, é claro, da minha volta para dali a alguns dias.

E, ao lhe contar a esse respeito, de início ela se sentiu insegura, mas depois se fortaleceu. E eu parti no início da tarde.

Chegando à minha cidade, fui direto ao complexo hospitalar, apresentar-me.

— Jordi, cá estou de volta!

— Que alegria vê-lo! — e me deu um abraço. — Seja bem-vindo!

– Obrigado! É muito bom voltar! Afinal, ainda que nossa casa seja o Universo, nada melhor que nosso cantinho dentro dele, não é?
– Sim, sim!... Mas me diga, como foi por lá?
– Ah! Foi fantástico! Muitas descobertas, muitas surpresas, muitas emoções!
– Eu imaginava que seria assim.
– E também já sabia de minha mãe, não é?
– Sabia. Ela ainda ficou por lá mais uns dias?
– Sim.
– Já sabe quando irá buscá-la?
– Mas eu poderei ir buscá-la?
– É claro!
– Que bom! Ela poderá deixar a Instituição em cinco dias.
– Excelente!
– Sim! Estou muito contente!
– Saiba que sua felicidade é minha felicidade! Agora, vá para a casa descansar um pouco.
– Bem, então eu vou... Amanhã, na hora de sempre, estarei aqui para retomar meus serviços.
– Não, você não precisa vir.
– Não? Por quê?
– Você deve escrever o livro. Sei que já tem o esboço dele, agora precisa concretizá-lo.
– Mas eu pensei que iria escrevê-lo nos horários livres, nas folgas...
– Não. Agora você deve se dedicar unicamente a ele.
– Poxa, não esperava por isso... Será muito bom!
– Certamente! Sendo assim, quero lhe desejar um ótimo trabalho!
– Muito obrigado! Darei o meu melhor! E assim que o conclua, estarei aqui, de volta às minhas funções!

– Esse é outro ponto que devo lhe esclarecer...
Fez uma pequena pausa em sua fala, encarando-me serenamente, antes de concluir:
– Você não deverá mais voltar às suas funções aqui no hospital. Uma nova fase de sua vida teve início há doze dias, quando você foi ao plano físico. Nossos superiores não me permitiram lhe falar a respeito, pois queriam ver como você se sairia. E como se saiu muito bem, será, de agora em diante e por tempo indeterminado, um jornalista de Jesus, devendo levar aos encarnados informações interessantes ao seu crescimento espiritual.
– Que me diz? Nossa! Não sei o que dizer... É muita novidade para um homem só! – exclamei, surpreso.
– É sim, eu sei... Ah, e quando o livro estiver concluído, você deverá levá-lo à Secretaria da Comunicação. Eles estarão lhe aguardando. Será lá também seu novo departamento de trabalho. Seja feliz! Que o Mestre o abençoe sempre, meu filho do coração!
– Muito obrigado, meu pai espiritual! Eu só posso agradecê-lo por tudo que já fez e continua a fazer por mim! Ainda que eu seja tão pequeno, tendo tão pouco a oferecer, saiba que sempre poderá contar comigo! Estarei sempre à sua disposição!
– Então, estaria disposto a me dar um abraço?
Abraçamo-nos, enternecidos.
Já de volta à minha casa, a dedicação ao livro foi total. Mas dessa vez, diferentemente das outras, não me perdi no tempo, pois uma doce missão me aguardava na Terra. Chegado, então, o dia de buscar minha mãezinha, desci ao plano físico julgando-me o homem mais feliz do mundo! E, ao chegar à Instituição e vê-la sorridente e bela, agradeci a Deus silenciosamente. Ela se levantou e veio ao meu encontro, perguntando-me quando partiríamos.

– Amanhã, mamãe. Logo cedo.

Gratos, ao cair da noite fomos ao salão principal assistir à leitura e comentários de um trecho d´*O Evangelho segundo o espiritismo*... E o tema não poderia ser mais apropriado: "Os trabalhadores do Senhor" – texto deixado pelo Espírito de Verdade, em Paris, 1862.

Pela manhã, iniciamos os agradecimentos e as despedidas. De coração exultante, abracei a cada um desses novos amigos, recebendo deles palavras generosas e animadoras.

Ao final, Santon, ladeado por Atsune e Zandoná, afirmou-me que nossa parceria só havia começado e que nos veríamos muito, ainda, nos serviços com Jesus.

Já Nicácio me disse um *até logo* com um sorriso enigmático, enquanto Liana afirmou que meu quarto estaria ali, à minha espera...

– O que na verdade vocês estão querendo me dizer? – perguntei, confuso com todas aquelas insinuações.

Todos riram e o diretor da Casa me respondeu inicialmente com outra pergunta:

– Acaso você achou que seu contato conosco e com esta Instituição se encerraria por aqui?

E, ante minha expressão de surpresa, arrematou:

– Não, Lael! Só estamos começando!

Assim, transbordando de alegria, retornei à minha cidade, levando comigo minha amada mãe, cheio de expectativas em relação ao futuro, todo animado acerca do meu próximo trabalho, aberto a todo o aprendizado que essa nova fase me traria!

Afinal, só estamos começando!

Esta edição foi impressa em outubro de 2019, sendo tiradas duas mil e quinhentas cópias, todas em formato fechado 140x210mm e com mancha de 104x166mm. Os papéis utilizados foram o Offset 75g/m² para o miolo e o Cartão Supremo Alta Alvura 300g/m² para a capa. O texto foi composto em Baskerville BT 13/15,6 e os títulos foram compostos em Zenith. A programção visual da capa foi elaborada por Fernando Campos.